Susanne Mierau

GEBORGENE KINDHEIT

Susanne Mierau

GEBORGENE KINDHEIT

◇ ◇ ◇ ◇ ◇ ◇ ◇

Kinder vertrauensvoll
und entspannt begleiten

Kösel

Der Verlag weist ausdrücklich darauf hin, dass im Text enthaltene externe Links vom Verlag nur bis zum Zeitpunkt der Buchveröffentlichung eingesehen werden konnten. Auf spätere Veränderungen hat der Verlag keinerlei Einfluss. Eine Haftung des Verlags ist daher ausgeschlossen.

Verlagsgruppe Random House FSC® N001967

2. Auflage
Copyright © 2017 Kösel-Verlag, München,
in der Verlagsgruppe Random House GmbH
Neumarkter Straße 28, 81673 München
Lektorat: Felicitas Holdau, Gräfelfing
Fotos: Susanne Mierau
Umschlag: Weiss Werkstatt München
Umschlagmotiv: plainpicture/altera/Streetangel/
Bild-Nr. p429m1062223f
Satz: Buch-Werkstatt GmbH, Bad Aibling
Druck und Bindung: PrintConsult GmbH, München
Printed in Austria
ISBN 978-3-466-31077-7

 Dieses Buch ist auch als E-Book erhältlich.

Inhalt

♡ Kleine Entspannungszeiten zusammen
   sind so wichtig.

♡ Frei malen – was immer Du willst, kleiner
   Künstler

♡ Kindheit bedeutet auch auf Bäume klettern zu können …

♡ Im Tragetuch kann der kleine Bruder all das sehen, was der große sieht.

Einleitung

Unser großer Wunsch ist es, gute Eltern für unsere Kinder zu sein. Wir möchten sie liebevoll auf ihrem Weg ins Leben begleiten, ihnen an die Hand geben, was sie brauchen, und sie auf ihre Zukunft bestmöglich vorbereiten. Doch wie wir unseren Kindern dies ermöglichen können, bringt uns niemand bei. Was brauchen Kinder heute, damit sie morgen glückliche Erwachsene werden? Während in der Babyzeit oft noch alles recht einfach erscheint, kommt es in den anschließenden Jahren bis zum Schulalter nicht selten zu größeren Herausforderungen.

Ein bindungsorientierter Weg ist ein guter Start ins Leben. Er gibt unseren Babys das mit, was sie für ihre Entwicklung am Anfang des Lebens vor allem benötigen: Bedürfnisbefriedigung und dadurch Vertrauen in uns als Erwachsene, Vertrauen in die Beziehung zwischen ihnen und uns – und letztlich Vertrauen in sich selbst. Doch nach und nach werden die Einflüsse von außen größer, und die Kinder entwickeln sich weiter. Sie beginnen zu sprechen, zu laufen, eigene Freundschaften zu entwickeln. Es ist nach dem ersten Geburtstag nicht immer leicht, auf dem Weg zu bleiben, den man eingeschlagen hat, oder ihn bei all den äußeren Einflüssen überhaupt noch zu finden. Wir Eltern müssen uns immer wieder anpassen, neu ausrichten und fragen uns so manches Mal, wie es denn überhaupt bindungsorientiert weitergehen kann mit einem Kind, das ganz andere Vorstellungen hat als wir selber. Wie kann Bedürfnisbefriedigung gelingen, wenn die Bedürfnisse nicht die sind, die wir als Erwachsene vertreten können? Und wie können das Vertrauen und die Bindung dabei aufrechterhalten werden? Besonders schwer wird es für den bindungsorientierten Weg, wenn mit der Eigenständigkeit des Kindes auf einmal Stimmen und Erinnerungen aus unserer eigenen Kindheit auftauchen und uns beständig ermahnen und unserem gedachten Ziel abbringen.

Elternschaft ist wie die Reise in ein neues, unbekanntes Land: Wir müssen uns zunächst darüber klar werden, wohin die Reise führen soll, welches Ziel wir verfolgen. Erst dann können wir uns vorbereiten und die Koffer packen mit all den Sachen, die wir dafür benötigen. Wie im sonstigen Leben gilt auch hier: Pack nur das Nötigste ein, nicht zu viel! Die Dinge, die wir im Elterngepäck wirklich für unsere Kinder brauchen, lassen sich nicht erwerben und nehmen keinen Platz weg: Liebe, Neugierde, Freude, Abenteuerlust und Vertrauen. Sie müssen von innen kommen, aus uns selbst heraus. Wir können sie auf unserem Weg immer wieder neu entdecken, können kleine Feuer neu entfachen. Aber wir brauchen das Vertrauen, dass alles gut gehen wird, dass wir auf dem richtigen Weg sind – und das gerade dann, wenn uns die Stolpersteine der frühen Kindheit im Weg liegen. Wir wollen, dass unsere Kinder aufgrund ihrer Erziehung die Zukunft so gestalten, wie wir es uns für sie wünschen. Dieses Grundvertrauen können wir nirgends kaufen. Wir müssen es als Eltern selbst entwickeln – und oft auf unserem langen Weg verteidigen und manches Mal wieder neu gewinnen. Wenn wir loslassen und verstehen, dass wir selber nicht die Reiseleiter sein müssen, sondern dass wir diesen Weg vertrauensvoll gemeinsam mit unseren Kindern gehen können, wird vieles leichter.

In diesem Buch begeben wir uns mit kleinem Handgepäck zusammen auf die Reise. Wir sehen uns die Stolpersteine an, die auf dem Weg der frühen Kindheit liegen können, und auch die Hindernisse, die wir vielleicht selbst errichten. Leider gibt es keinen immer gültigen Reiseführer durch die Kindheit, der zu jedem und jeder Familie passt. Aber es gibt Reisetipps dazu, was wir auf unserem Weg dabeihaben sollten, wie wir schwierige Situationen umschiffen können oder gut durch sie hindurchkommen. Es gibt Hinweise zu Schlechtwetter- und Sonnenscheintagen. Und auf dieser Basis kann jede Familie ihren guten Weg finden durch die manchmal stürmischen, manchmal lauen Tage der Kindheit.

♡ Geschwisterplüsch <3

♡ Tanzen als würde niemand hinsehen –
das machen unsere Kinder noch.

♡ Gemeinsame Familienzeit tut so gut!

♡ Vertieft in die eigene Kunst: im Flow mit Pinsel und Farbe.

Verbindungen entwickeln sich

Sobald wir Eltern sind, wünschen wir unseren Kindern, dass sie ein schönes Leben haben und die Herausforderungen des Lebens gut bewältigen. Das gilt für die gesamte Lebensspanne unserer Kinder, denn Eltern bleiben wir immer: vom Anfang der Schwangerschaft bis zu unserem Lebensende. Schon zu Beginn des Lebens legen wir den Grundstein dafür, dass sich dieser Wunsch erfüllen kann: Wir gehen eine Bindung ein zu unseren Kindern. Durch unseren Umgang mit ihnen prägen wir in großem Maße, wie sie die Welt erleben, wie sie lernen, wie sie auch in Zukunft wahrscheinlich mit anderen in Kontakt treten werden. Unser Umgang mit ihnen eröffnet ihnen die Welt.

In den vielen Jahren unserer Elternschaft erleben wir viele wunderschöne Momente und viele, die uns fordern und vor Entscheidungen stellen. Die Art, wie wir damit umgehen, beeinflusst immer auch die Beziehung zwischen unserem Kind und uns. Jede Entscheidung, die wir als Eltern treffen, hat auch mit der Verbindung zwischen Kind und Erwachsenem zu tun. Wir können nicht nicht in Beziehung sein. Manches Mal müssen wir abwägen oder uns gegen die Empfehlungen anderer durchsetzen. Je größer unsere Kinder werden, desto mehr solcher Momente tun sich auf, und wir fragen uns, wie wir zum Wohle aller entscheiden sollen und ob wir das überhaupt können. Wir suchen den richtigen Weg, das Patentrezept für die Elternschaft und das Glück unserer Kinder. Doch den einen immer richtigen Weg gibt es nicht im Detail. Es gibt nur die eine immer richtige Route: Gehe dorthin, wohin dich dein Herz trägt, und lass es mit entscheiden. Denn wenn wir liebevoll eine sichere Bindung

als Ziel unserer gemeinsamen Reise wählen, wählen wir auch
an den Weggabelungen den passenden Weg aus.

Wir könnten das Reisegepäck durchs Leben mit vielen Dingen anreichern, die ein gutes Vorankommen ermöglichen
sollen: im Designerrucksack mit extra weichen Schulterpols-
tern, mit dem wärmsten Schlafsack, der schönsten Kleidung
und den besten Spielsachen. Wir können die Inhalte beständig nachfüllen und auswechseln und noch bessere, neuere und
hochwertigere Dinge einfüllen. Doch all das ist es nicht, was ein
wirklich schönes Leben ausmacht.

Ein wirklich schönes Leben basiert auf Zufriedenheit, auf
dem Gefühl des Vertrauens und der Geborgenheit. Doch Geborgenheit bedeutet mehr als nur Schutz und Hülle. Geborgenheit
bedeutet auch, von Abenteuern zurückkommen zu können in
liebende Arme. Geborgenheit kann es nur dann geben, wenn es
auch Herausforderung und Erkundung gibt. Ein sicheres emotionales Zuhause ist die Basis für ein gutes und glückliches Leben. Von dort aus können unsere Kinder losziehen, um die Welt
zu erforschen. Tolle Hilfsmittel können sie unterstützen, ihnen
eine gute Zeit geben, doch die wirklich wichtigen Dinge sind
nicht käuflich. Wir geben sie unseren Kindern kostenfrei mit,
und das ist das beste Geschenk, das wir ihnen machen können.
Denn mit diesem Geschenk geben wir ihnen die Möglichkeit,
die Landkarte des Lebens zu lesen, wohin auch immer sie später reisen mögen, und sich Menschen an die Seite zu holen, die
sie liebevoll unterstützen, wenn wir nicht mehr ihre Hauptbe-
zugspersonen sind. Kinder brauchen eine sichere Bindung, um
gut wachsen zu können. In der Babyzeit und auch in all den
Jahren danach.

Unser Bindungsmuster gestaltet unser Leben und die Welt von morgen

Kinder sind auf uns Erwachsene als Bindungspersonen angewiesen und brauchen zum Überleben unsere Nähe, Zuwendung und die Befriedigung ihrer Bedürfnisse. Nicht nur als Babys, sondern noch lange Zeit in der Kindheit sind sie auf unsere Versorgung angewiesen, da Menschenkinder als physiologische Frühgeburten auf die Welt kommen. Als die Menschen anfingen, aufrecht zu gehen, veränderten sich ihr Skelett und die Muskulatur. Gleichzeitig oder etwas später wurde auch das Gehirn der Nachkommen größer. Die anatomischen Strukturen der Gebärenden stimmten nicht mehr überein mit denen des Babys. Daher wurde die Geburt vorverlegt und Babys wurden immer früher geboren, sodass sie noch gut durch den Geburtskanal passen. Im Gegensatz zu anderen Säugetieren sind sie dann aber noch recht unselbstständig und angewiesen auf eine Versorgung durch einen anderen Menschen.[1]

Um die Pflege und Bedürfnisbefriedigung dieser kleinen abhängigen Wesen sicherzustellen, hat die Natur das Bindungssystem eingerichtet, das dafür sorgt, dass sich die nahen Bezugspersonen an das Baby binden (Bonding) und das Baby sich nach und nach mehr an die Erwachsenen bindet (Attachment). Jedes Verhalten unseres Babys zielt darauf ab, dass es diese Fürsorge von uns erhält.

Bindung bedeutet aus Sicht des Kindes zunächst: Ich bin mit dir verbunden, damit ich überleben und wachsen kann. Die Bindung ist deswegen ein »Sicherheitssystem des Kindes«[2], das die Grundversorgung regelt. Und dies gilt auch weit länger als nur für die Babyzeit: Viele Konflikte, die wir mit unseren größeren Kindern haben, drehen sich eigentlich »nur« um Versorgung, Zuwendung und Ressourcenverteilung – beim Essen, bei der Aufmerksamkeit, bei der Kleidung, bei Vorlesegeschichten. Immer wieder geht es im Laufe der Elternschaft darum, wie und ob wir unsere Kinder versorgen und ihnen damit das Gefühl geben, mit uns liebevoll-fürsorglich verbunden zu sein. Wir stellen Geborgenheit her, indem wir ihre Grundbedürfnisse befriedigen und sie sich sicher bei uns fühlen.

Was sie im Babyjahr an Verständnis und Zuwendung von uns erhalten haben, erwarten sie auch in den Jahren danach von uns – auch wenn die Themen andere werden. Als Eltern sollten wir nun nicht auf einmal den Kurs wechseln und unsere Kinder mit einem neuen Erziehungsstil konfrontieren, weil es jetzt schwerer fällt, die passenden und richtigen Antworten zu finden. Wir sollten eher auf unserem Kurs bleiben und sehen, woher die neuen Anforderungen und Fragen kommen.

Die Ausgestaltung der Bindung hängt davon ab, *wie* wir auf die Bedürfnisse des Kindes eingehen, ob wir beispielsweise feinfühlig, zuverlässig, sicher und prompt reagieren. Tun wir dies, sind die Grundlagen dafür, eine sichere Bindung aufzubauen, günstig. Das ist der Idealfall für die Art von Entwicklung, die wir uns heute wünschen und für unsere Zukunft anstreben. Sicher gebundene Kinder »sind nämlich gegen psychische Belastungen widerstandsfähiger, haben mehr Bewältigungsmöglichkeiten, leben eher in freundschaftlichen Beziehungen, sind häufiger in Gruppen, verhalten sich in Konflikten prosozialer, weniger aggressiv und finden Lösungen, die sie aufbauen und ihnen weiterhelfen. Sie sind auch kreativer, flexibler, ausdauernder, ihre Lern- und Merkfähigkeit, also ihre Gedächtnisleistungen, sind besser, ebenso ihre Sprachentwicklung«, schreibt der Arzt, Psychotherapeut und Bindungsforscher Karl Heinz Brisch.[3] All dies wünschen wir uns für unsere Kinder und ihre Kindheit.

Natürlich haben solche Persönlichkeitseigenschaften nicht nur positive Auswirkungen auf den jeweiligen Menschen, sondern können einen gesamtgesellschaftlichen Einfluss nehmen: Unser Ziel als Eltern ist es heute, soziale, liebevolle und friedvolle Menschen wachsen zu lassen, die für eine gute gemeinsame Zukunft sorgen. »Liebe – und nicht Profit, Größe oder

Leistung – ist das entscheidende Merkmal unserer Evolution«[4], schreibt der Psychoanalytiker Arno Gruen und erläutert, dass eine Demokratie nur durch Empathie überhaupt erst möglich ist. Für die Entwicklung der Empathie ist es notwendig, dass die Bedürfnisse von kleinen Kindern angemessen und prompt beantwortet werden.

In einer demokratischen, gleichberechtigten und friedlichen Gesellschaft, die wir heute anstreben, brauchen wir deswegen sicher gebundene Kinder, damit sie die Gegenwart leben und die Zukunft gestalten können, die wir uns für uns alle wünschen. Unsere Art der Erziehung heute gestaltet die Welt von morgen. Mit der Art, wie wir auf unsere Kinder eingehen und sie wachsen lassen, bestimmen wir, wie sie miteinander und mit der Welt als Ganzes umgehen. Unsere Welt braucht sicher gebundene Kinder – und Eltern, an die sie sich sicher binden können.

Alte und neue Wege

Die Entwicklungsziele vorangegangener Generationen haben sich teilweise von denen unserer heutigen Zeit unterschieden: Während heute das individuelle, kreative Glück im Vordergrund steht, waren in früheren Zeiten Disziplin, Ordnung oder auch Gehorsam ein Erziehungsziel, dem es nachzukommen galt. Diese Ziele haben sich auf den Umgang mit dem Kind ausgewirkt: Kinder wurden abgehärtet, sollten nicht verzärtelt werden, um die angestrebten Ziele zu erreichen. Aus Sicht der Eltern, die sich dieser Art der Erziehung verschrieben hatten (und auch vielen, die von dieser Erziehung geprägt wurden), sind moderne Erziehungsstile eine Art des Verwöhnens, sprechen sie doch genau gegen das, was früher galt. Der (Generationen-)Konflikt ist vorprogrammiert. Um ihn zu entschärfen, müssen wir uns vor Augen halten, dass wir heute unsere Kinder eben *in* einer anderen und *für* eine andere Gesellschaft groß werden lassen –

unsere Wünsche unterscheiden sich von denen der älteren Generation. Das bedeutet jedoch nicht, dass die Erwachsenen früher ihre Kinder nicht liebten oder ihnen Böses wollten. Auch sie wollten ihre Kinder bestmöglich auf das Leben vorbereiten – nur waren damals die Anforderungen an das Leben andere wie auch die gesellschaftlichen und politischen Einflüsse, die sich auf Erziehung auswirkten.[5] Heute nehmen wir unsere Kinder liebevoll an die Hand und gehen entspannt gemeinsam, während Kinder in vergangenen Zeiten mehr angetrieben wurden und mithilfe von Strafe und Gehorsam auf dem gewählten Weg bleiben sollten. Wir wünschen uns heute eine Kindheit voller Geborgenheit, Schutz und freier Entfaltung.

Aufgrund gesellschaftlicher Einflüsse und Bedürfnisse und auch aufgrund nicht aufgearbeiteter, negativer eigener Bindungserfahrungen der Erwachsenen gibt es neben der heute gewünschten sicheren Bindung auch andere Bindungsmuster, bei denen die Kinder nicht feinfühlig und liebevoll angenommen werden, wie es angestrebt werden sollte. Gerade Eltern, die selber keine oder wenige zugewandten und sicheren Bindungsbeziehungen in der eigenen Kindheit erleben konnten, haben es schwer, ihre eigenen Kinder anders aufwachsen zu lassen. Zu schwer kann die Bürde der Vergangenheit auf ihnen lasten, oder das Verhalten des Kindes lässt heute Erlebnisse aus der eigenen Kindheit hochkommen, die auch die damaligen Antworten der eigenen Eltern hochspülen. Gerade wenn die Kinder nach der Babyzeit in die Autonomiephase kommen, sind Gedanken wie »Ich höre mich an wie meine Mutter« nicht selten.

In solchen Momenten spüren wir, wie sehr uns die Kindheit prägt und wie lange sie nachwirkt. Wir bekommen eine Ahnung davon, dass der Satz »Es hat mir ja auch nicht geschadet« nicht stimmt. Wir sind versucht, die festgetrampelten Pfade unserer eigenen Kindheit nachzugehen, denn sie sind so bekannt und wir können ohne Nachdenken darauf wandeln. Doch manches Mal lohnt es sich, neue Wege durch noch unwägbares Gelände zu suchen, um den heutigen Zielen näher zu kommen und Altes und Überholtes hinter uns zu lassen für eine andere Zukunft unserer Kinder. Dieser Weg ist nicht immer einfach für Eltern, wenn sie ihren Kindern ein anderes Bindungsmuster mitgeben wollen, als sie selbst erfahren haben. Aber es ist, wie wir sehen werden, möglich und auf jeden Fall immer und zu jeder Zeit einen Versuch wert.

Problematische Bindungsmuster

Auch wenn Eltern unzuverlässig sind, in der Qualität ihrer Zuwendung schwanken oder die Kinder sogar physisch oder psychisch schädigen, entwickelt das Kind eine Bindung an den Elternteil, weil es trotz dessen negativen Verhaltens für die Grundversorgung auf ihn angewiesen ist. Das Überleben geht in diesem Fall vor. Doch das Kind entwickelt sich dann anders als bei einem sicheren Bindungsmuster: Es kann pessimistischer und weniger selbstbewusst sein und/oder einen geringeren IQ haben.[6] Die Welt wird anders erlebt und schließlich auch anders gestaltet. Das Kind entwickelt sich aufgrund der Erfahrungen, die es macht, und der gestellten Anforderungen. Es wird in ein Leben hineingeboren und versucht, sich bestmöglich anzupassen. Sein Reisegepäck sieht anders aus, wenn es in Unsicherheit und Angst aufwächst. Seine Reiseutensilien sind dann nicht von Anfang an Vertrauen und Sicherheit, sondern eher Vorsicht und Zurückhaltung. Und mit dieser Grundvoraussetzung wird es auch zukünftig neues Land erkunden und andere Menschen kennenlernen. Es verhält sich anders als ein sicher gebundenes Kind.

Das Vorhandensein einer Bindung allein sagt deswegen nichts aus über das tatsächliche Familienklima und die Zuwendung zum Kind. Eine Bindung entwickelt sich auf unterschiedliche Arten, je nachdem, wie die Beziehung gestaltet wird. Unterschieden wird heute deswegen zwischen verschiedenen Bindungsarten, die zwischen Kindern und Bezugspersonen bestehen können. Neben der sicheren Bindung, die wir anstreben, gibt es auch unsicher-vermeidende, unsicher-ambivalente und desorganisierte Bindungsmuster.

Es ist nicht zu spät, etwas zu ändern

Doch wir sind mit unseren Bindungsmustern nicht in einer Einbahnstraße gefangen: Wir können nämlich zu verschiedenen Menschen unterschiedliche Bindungsmuster aufbauen, je nachdem, welche Erfahrungen wir mit ihnen machen. Wir können zu der einen Person eine sichere Bindung aufbauen und zu einer anderen ein anderes Bindungsmuster. Bindung ist deswegen kein Persönlichkeitsmerkmal, sondern sagt etwas über die Beziehung aus. Sie nimmt einen Einfluss auf die Entwicklung des Kindes aufgrund des Verhaltens, das die Bezugspersonen zeigen: Die Verhaltensmuster, die eine sichere Bindung entstehen lassen, sind auch solche, die förderlich sind für die Intelligenzentwicklung und Herausbildung der Feinfühligkeit. Gerade in späteren Jahren der Kindheit wird deutlich, wie sehr Bindung und Bildung zusammenhängen und wie wichtig ein gutes Miteinander beispielsweise für den Lernerfolg in der Schule ist.

Wir zehren von dem, was unsere Eltern uns als Reiseproviant mitgeben. Natürlich ist es wichtig, dass wir am Anfang des Lebens gut mit unseren Kindern umgehen – und auch in den Jahren danach. So wie wir immer und mit allen Menschen gut umgehen sollten – aus Nächstenliebe und auch für uns und unseren eigenen entspannten Weg durch das Leben. Doch neuere Studien zeigen auch, dass die frühkindliche Bindung nicht das Bindungsverhalten an sich im Erwachsenenalter vorhersagen muss und dass sich unser Erleben von Bindungen im Laufe des Lebens ändern kann. Die frühkindlichen Erfahrungen können also durchaus in einem bestimmten Rahmen überlagert und ausgeglichen werden. Jerome Kagan schreibt sogar: »Für die meisten Menschen erscheint die Grundannahme vernünftig, dass die ersten mentalen Strukturen, die durch Erfahrungen gewonnen werden, sich wie ein tiefer Kratzer auf einem Tisch endlos erhalten. Doch in Wahrheit verlieren sich viele frühe Vorstellungen und Verhaltensweisen oder unterliegen einer solchen Verwandlung, dass sie im späteren Leben nicht mehr nachvollzogen werden können.«[7]

Wir müssen nicht unsicher an einen Partner gebunden sein, nur weil wir in der Kindheit eine unsichere Bindungsbeziehung hatten. Und genau das entlastet uns als Eltern auch ein Stück weit: Selbst wenn wir eine schlechte Zeit haben, wenn wir aus bestimmten Gründen nicht sofort die beste Bindung aufbauen können, wenn wir einen schlechten Start in die Eltern-Kind-Beziehung haben, haben wir Zeit, es immer wieder zu probieren, um dann unser Bestes zu geben, wenn es uns möglich ist. Oder das Kind hat vielleicht die Möglichkeit, sich zunächst einer anderen Person zuzuwenden, die es sicher und emotional stabil versorgen kann. Und wir wissen: Unsere Kinder können ihren Weg gut gehen. Es ist immer einfacher, wenn der Start optimal ist und man all die Vorteile mitnehmen kann, die eine sichere Bindungsbeziehung mit sich bringt. Es ist am besten, wenn wir für die Reise richtig ausgerüstet sind, aber es ist auch möglich, später noch einmal die Ausrüstung zu überprüfen und andere Entscheidungen zu treffen. Wir können lernen, unseren Kindern besser zuzuhören, auf ihre Bedürfnisse zu achten und sie liebevoll zu begleiten. Jeder Tag bietet uns dafür eine neue Chance. Und gerade auch nach dem ersten Geburtstag gibt es viele Momente, in denen ein achtsamer Umgang praktiziert und geübt werden kann.

Zu wissen, dass Bindungsmuster veränderbar sind, ist für uns als Eltern besonders wichtig, wenn wir selber negative Bindungserfahrungen hatten und es bei unseren Kindern ganz anders machen wollen. Es ist nicht immer einfach, sich gegen die Handlungsmuster zu stellen, die man als Kind selbst erfahren hat, und manches Mal ist es ein schwerer Weg, diese hinter sich zu lassen und mit dem eigenen Kind ganz andere Wege zu gehen. Aber es ist möglich, und wir sind nicht darauf eingeschworen, die Taten unserer Eltern zu wiederholen. Wir haben mit unserer neuen Familie die wunderbare Möglichkeit, ein Kind ganz anders aufwachsen zu lassen und ihm all das zu geben und zu ermöglichen, was wir selbst vermisst haben.

Während es im ersten Lebensjahr noch recht einfach ist, das Baby bindungsorientiert wachsen zu lassen, werden die Stimmen unserer eigenen Vergangenheit lauter, je größer das Kind wird. Zum Teil werden sie real laut, wenn sich Großeltern und andere Verwandte zu der anderen Art der Erziehung äußern, die sie selbst doch so erfolgreich angewendet haben, zum Teil werden sie in unserem Inneren laut, wenn uns die Herausforderungen der frühen Kindheit mit Situationen konfrontieren, die eigene Erfahrungen in uns hochschwemmen und uns zu Handlungsmustern und Aussagen führen, die wir selbst erlebt haben. Diese Stimmen können es uns schwer machen, uns bedrücken und die Leichtigkeit und das Vertrauen aus unserem Alltag nehmen. Doch gerade Entspannung ist es, die wir im Alltag mit Kindern jeden Tag brauchen. Entspannung im Inneren, damit wir die kleinen Unwägbarkeiten leichtnehmen und es uns selbst gut geht.

Verbunden mit Mutter, Vater und allen anderen

Leider gibt es bislang noch wenige Untersuchungen dazu, wie genau die Bindung zum »anderen« Elternteil einen Einfluss auf die spätere Entwicklung nimmt. Die Bindungsforschung ging lange Zeit aufgrund des traditionellen Familienbildes nur der Mutter-Kind-Bindung nach, vernachlässigte dabei aber die Einflüsse des Vaters. Heute können auch Väter die Personen sein, die sich in der ersten Zeit mehr um das Kind kümmern als die Mutter, oder es gibt Familienmodelle mit gleichgeschlechtlichen Elternpaaren. Auch der Partner ist eine Bindungsperson, wenn er anwesend ist, und stellt eine individuelle Verbindung zu seinem Kind her. Wie oben schon beschrieben, kann sie ganz anders geprägt sein als die Bindung zur Mutter, kann ein anderes Muster und andere Interaktionen aufweisen. Im Idealfall entwickelt das Kind jedoch eine sichere Bindung zu beiden Elternteilen.

Und genauso kann es auch bei all den anderen Menschen in unserem Umfeld sein: Je größer die Kinder werden und je mehr sie sich von uns wegbewegen, desto eher stoßen sie natürlich auch auf andere Personen. Zunächst treffen sie meist nur auf die Menschen aus unserem ganz nahen eigenen Kreis: die Geschwister, die Großeltern, Tanten und Onkel. Doch im Laufe der Zeit kommen Freunde und Freundinnen mit ihren Eltern hinzu, die Erzieherinnen und Erzieher im Kindergarten, vielleicht Nachbarinnen und Freunde der Eltern. Die Verbindungen werden mehr: manche dicker, manche dünner. Wenn wir uns Bindung vorstellen wie einen Teppich, den das Kind in der frühen Kindheit zu weben beginnt, sehen wir, dass wir durch viele stabile Beziehungen einen besonders hochwertigen, dichten Stoff erhalten, der das Kind gut tragen kann.

Bindungsorientierte Elternschaft aus der Vaterperspektive

Was Bindung ist, habe ich das erste Mal gespürt, als unser erstes Kind geboren wurde. Wir waren im Geburtshaus, die Geburt war geschafft, meine Frau lag mit der Tochter im Arm im Bett. Sie küsste ihren Kopf und stammelte immer wieder »Du riechst so gut. Du riechst so gut!«. Ich will ehrlich sein: Ich habe nichts gerochen. Und ein wenig matschig sieht ein frisch geborenes Baby auch aus. Aber da war etwas zwischen den beiden, ein Band, das mich erst einmal außen stehen ließ. Aber das machte nichts, denn in diesem Augenblick war es auch richtig, nicht ganz von Hormonen weggetreten zu sein. Ich war da, hielt die Hand und achtete drauf, dass drumherum alles funktionierte. Schließlich sollten wir bald noch den Heimweg mit dem Auto antreten. Das erste große Abenteuer.

Tragetuch oder Toben?

Die Sache mit dem Stillen. Ja, da ist man als Partner erst einmal Zaungast. Oder auch nicht, denn man lässt die zwei vielleicht auch einfach in Ruhe, wenn sie es brauchen. Dafür kann man Essen kochen, einkaufen und da sein, wenn doch eine Hand gehalten werden will.

Das Baby ist lange Zeit am Körper der Mutter, kuschelt und stillt. Einmal erzählte mir meine Frau, sie hätte irgendwo gelesen, dass Partner ja Quality Time beim Windelnwechseln hätten. Das könnte doch so ein tolles Vater-Tochter-Ritual werden. Ich weiß nicht, wer so was schreibt, aber für die versammelte Elternschaft möchte ich zu Protokoll geben: Windeln wechseln ist für niemanden Quality Time. Was nicht heißt, dass man es nicht liebevoll, aufmerksam und dem Kind zugewandt tun kann.

Doch etwas anderes wurde eine wichtige Vater-Kind-Zeit: das Tragen im Tragetuch. Meine Tochter liebte es, stundenlang von mir durch die Weltgeschichte getragen zu werden. Sie schlief, während ich Berlin zu Fuß erkundete. Ich hielt dabei ihre kleinen Hände oder wärmte im Winter ihren kleinen Rücken, hörte manchmal ein Hörbuch und stapfte so vor mich hin. Noch heute, viele Jahre später, fragt sie immer mal wieder, ob ich sie nicht tragen könne. Dann nehme ich sie kurz auf den Arm und da ist es, dieses tiefe Band des Vertrauens.

Doch das ist kein Allgemeinrezept. Das zweite Kind mochte das nicht so mit dem von mir getragen werden. Es war gar nicht so einfach zu verstehen, dass jedes Kind andere Bedürfnisse hat. Zwei Geschwister – zwei völlig verschiedene Menschen. Wie kompliziert. Dieses Kind wollte toben, dass sich die Balken biegen. Hart, wild, laut. Meine Frau zieht dann leicht eine Augenbraue hoch und verlässt das Zimmer. Das ist gut, denn es ist nicht ihr Ritual, wenn wir uns knuffen, boxen, durch die Gegend wirbeln. Nicht selten mit blauen Flecken. Dafür spüre ich, wie das zweite Kind durch das gemeinsame Austesten von körperlichen Grenzen seine Art von Vertrauen findet. Bei Gefahr oder Kummer weiß es, dass es auch bei mir Halt findet.

Einfach achtsam sein

Und das dritte Kind? Was wird es wollen? Ich weiß es noch nicht. Im Moment krabbelt es freundlich lachend durch die Wohnung und versucht, heimlich ein paar Kabel zu verspeisen. Wie ein kleiner Hamster. In den nächsten Monaten werden wir unsere Rituale finden. Vielleicht will es getragen werden? Oder toben? Oder etwas ganz anderes? Das ist es, was für mich Nähe bedeutet: Darauf zu achten, was das Kind möchte, und es zu geben, wenn es möglich ist. Eigentlich gehört gar nicht so viel dazu, einfach aufmerksam zu sein. Das ist mein geheimer Tipp.

Caspar Clemens Mierau

♡ Einfach mal jemand anderes sein.
Rollenspiele bereichern den Alltag.

♡ Natur erfahren und mit nackten Füßen
durch Gras und Wasser laufen.

♡ Kinder können so viel: Schon kleine Hände wollen Essen zubereiten!

♡ Sich immer wieder vor Augen führen: Dein Kind ist wunderbar.

Vertrauen bilden

Die Entwicklung der Bindung des Kindes an die Bindungspersonen steht auf der einen Seite, die der Erwachsenen an das Kind auf der anderen Seite. Dazwischen gibt es viele Verbindungen, die es zu einem Gefüge machen. Ganz besonders wichtig, wenn wir von Bindung sprechen, ist das Vertrauen: Vonseiten des Kindes gibt es, wie schon ausgeführt, das Vertrauen in uns, dass wir es mit all dem versorgen, was es benötigt, dass wir es lieben und respektvoll behandeln. Doch auch auf unserer Seite ist das Vertrauen ein wichtiger Bestandteil der Beziehung.

Wenn wir über Kindheit sprechen, taucht immer wieder der Satz auf: »Wenn die Kinder klein sind, gib ihnen Wurzeln, wenn sie groß sind, gib ihnen Flügel.« Wurzeln, das ist das Urvertrauen, die sichere Bindung. Sie kann nicht existieren ohne die Flügel, die wir unseren Kindern auch mitgeben. Nicht erst dann, wenn sie groß sind, sondern von klein auf. Kinder brauchen von Anfang an Wurzeln *und* Flügel. Sie brauchen Urvertrauen in uns, und sie brauchen von uns das Vertrauen in sie – das Vertrauen, dass sie sich richtig entwickeln, dass sie einem inneren Plan der Entwicklung folgen, nach ihrem Tempo. Sie brauchen die Möglichkeit, von Anfang an selbst erkunden zu dürfen und frei zu sein in ihrer Neugierde und ihrem Wissensdrang. Das Baby braucht die Möglichkeit, sich mit dem eigenen Körper und dann mit der Umwelt vertraut machen zu können, so wie das Kleinkind die Möglichkeit haben muss, sich wegzubewegen und zurückzukehren.

Ohne Freiheit, ohne Flügel, ohne Vertrauen ist keine sichere Bindung möglich. Freiheit und Nähe gehören für eine sichere

Bindung und gute Entwicklung zusammen. Je größer die Kinder werden, desto mehr ist unser Vertrauen in sie gefragt.

Warum eine sichere Bindung Freiheit lässt

Für eine gesunde Entwicklung benötigen Kinder den Raum, sich selbst zu erproben, sie dürfen Fehler machen und ungeschickt sein. Sie be-greifen die Welt, indem sie in ihr aktiv sein können und feststellen, was geht und was eher nicht. Kinder fallen und lernen, sich richtig abzurollen, wenn sie mit dem Sitzen und Laufen beginnen. Sie erfahren, dass sie Brennnesseln nicht anfassen sollen, durch Ausprobieren und nicht durch mündliche Verbote. Bindungsorientierte Elternschaft gibt Kindern den Raum für diese Erfahrungen. Auf Basis der sicheren Bindung und des Vertrauens lassen Eltern ihrem Kind die Möglichkeit, Räume selbst zu erkunden. Bindungsorientierte Eltern vertrauen darauf, dass sich Kinder nach einem eigenen Zeitplan im natürlichen Rahmen entwickeln. Sie erfüllen elementare Bedürfnisse nach Liebe, Zuwendung und Pflege und geben dem Kind gleichzeitig die Möglichkeit, auch eigene Wege zu gehen und zu entdecken.

Eine sichere Bindung bedeutet vor allem auch, dem Kind keine Angst vor der Welt zu vermitteln, es nicht ängstlich an sich zu binden oder es in seiner Entwicklung einzuschränken. Wenn wir zu unserem Bild der Elternschaft als gemeinsame Reise zurückkehren, bedeutet bindungsorientierte Elternschaft, dass unsere Kinder auch einfach mal neben dem Weg laufen können, im Gebüsch einen Stock suchen oder einen kleinen Schleichweg entlanglaufen dürfen. Wir als Eltern haben das Fundament dafür gelegt, dass sie sich sicher auf kleine Abenteuer begeben können und zu uns zurückfinden.

Je größer sie werden, desto wichtiger wird das Vertrauen der Erwachsenen in ihre Kinder, denn diese müssen sich gemäß ihrer voranschreitenden Entwicklung mit der Umwelt vertraut machen. Sie beginnen, sich aus dem Nahbereich der Eltern zu lösen, laufen voran, erkunden auf eigene Faust. Sie erproben ihren Körper und lernen das Balancieren, Springen und Klettern. Sie machen Erfahrungen mit anderen Kindern und Erwachsenen, üben das Teilen und das Einstehen für die eigenen Bedürfnisse. All dies sind wichtige Aspekte der kindlichen Entwicklung, die sie erleben müssen. Vieles davon *könnten* wir ihnen abnehmen, wir *könnten* einschreiten oder Dinge regulieren. Doch gerade das ist es nicht, was sie brauchen. Das ist es nicht, was eine bindungsorientierte Elternschaft ausmacht. Wir können unsere Wege mit unseren Kindern sehr unterschiedlich gehen, doch wir alle müssen ihnen die Chance geben, auch selbst zu laufen beziehungsweise die Flügel auszubreiten und zu fliegen. Erst dann ist eine geborgene Kindheit möglich.

Worin sich Helikoptereltern und bindungsorientierte Eltern unterscheiden

Wenn wir Kinder haben, werden wir immer wieder mit dem Wort »Verwöhnen« konfrontiert. In unserer Gesellschaft wird dieses Wort jedoch oft überstrapaziert, wenn normales, bindungsorientiertes Verhalten als Verwöhnen bezeichnet wird. Neuere Erkenntnisse der Psychologie und Pädagogik haben gezeigt, dass das Eingehen auf die Bedürfnisse von Babys und Kleinkindern sich positiv auf ihre Entwicklung auswirkt. Das führte zur Rückbesinnung auf ein eigentlich natürliches Verhalten der Eltern gegenüber ihren Kindern, das zwischenzeitlich abhandengekommen war durch die Einflüsse der Gesellschaft. Unser Ziel ist es heute, sicher gebundene Kinder zu haben.

Bindungsorientiertes Verhalten ist kein Verwöhnen – das müssen wir uns und anderen immer wieder sagen. Wenn wir unsere Kinder liebevoll begleiten und ihre Bedürfnisse respektieren

und berücksichtigen, ist das zu keiner Zeit negativ. Doch je größer die Kinder werden, desto mehr öffnen sie sich der Welt,
kommen mit ihr in Berührung und gehen eigene Wege. Es ist
noch recht einfach, einem kleinen Neugeborenen die Bedürfnisse nach Nahrung, Schlaf, Sicherheit und Wärme zu erfüllen.
Doch mit der Zeit werden die Bedürfnisse von Kindern komple-
xer, und die Aufgabe von uns Eltern ist es, mit unseren Kindern
gemeinsam zu wachsen und zu erkennen, wie sich Bedürfnisse
ausdehnen und verändern. Je älter unsere Kinder werden, desto
mehr sind sie nicht nur auf Nähe und Sicherheit bedacht, sondern entwickeln ein Bedürfnis nach Abenteuer, nach Exploration, nach Eigenständigkeit. Dennoch bleiben sie Kinder, und wir
dürfen sie auch nicht überfordern – das ist unser persönlicher
Balanceakt als Eltern.

Verwöhnen können wir sie mit unserem Verhalten nur dann,
wenn wir diese Bedürfnisse nicht wahrnehmen oder aus eigener Angst heraus unterbinden. Wenn wir sie nicht Dinge ausprobieren lassen, sondern ihnen die Aufgaben abnehmen. Wenn
wir sie bewachen, anstatt sie sich einfach erproben zu lassen.
Wenn wir sie einschränken, anstatt ihnen Raum zu geben. All
dies ist nichts, was das Kind braucht. All dies ist keine bindungsorientierte Elternschaft mehr. Das ist es, was wir unter
Helikoptereltern verstehen: Eltern, die über ihren Kindern krei-
sen und besorgte Distanz zu ihnen aufgebaut haben, die überwachen, statt zu begleiten. Vertrauen in die Elternschaft und in
die Kinder geht verloren oder wird abgegeben an Maschinen,
Dienstleistungen und Programme. Je größer die Kinder werden
und je weiter sie sich wegbewegen können und wollen, desto
mehr wächst die Angst vor dem, was nicht beeinflusst werden
kann. Wie mit einem Schneepflug werden alle Hindernisse aus
dem Weg geräumt. Die Kinder werden in ihrer natürlichen Entwicklung gehemmt durch die Absicht der Eltern, sie sicher und
bestens gefördert wachsen zu lassen. Doch auf diese Weise finden sie keinen sicheren Weg in die Welt und auch nicht im Mit-

einander, denn die Welt wird als Ort von Gefahren und Hindernissen erklärt und schließlich wahrgenommen. Eine sichere Bindung ist auf diese Weise nicht möglich. Es entsteht vielmehr eine unsicher-ambivalente Bindung, wenn Kinder in ihrem Erkundungsdrang beschnitten werden und die Gefahren der Erkundungsfreude allzu sehr betont werden.[8]

Eine Kindheit voller Hindernisse

Kinder brauchen Hindernisse und wachsen an Herausforderungen. Neugierde ist der Motor der Entwicklung, den wir ihnen nicht nehmen sollten. Stück für Stück eignen sie sich die Welt an – gemäß ihren aufeinander aufbauenden Fähigkeiten: Im ersten Jahr sind sie noch sehr nah an ihren Bezugspersonen dran und bauen die Fertigkeiten auf, die sie dann für die Entdeckung der Welt benötigen. Jede Entwicklung des Kindes ist dabei sinnvoll und bildet die Grundlage für weitere Entwicklungen. Wunderbar beobachten lässt sich dies an der motorischen Entwicklung der Kinder, bei der nach und nach durch das Drehen, Robben, Krabbeln und Aufsetzen die Muskulatur ausgebildet wird, die schließlich für das freie Laufen benötigt wird. Doch mit dem Laufen ist die Entwicklung nicht abgeschlossen: Kinder erlernen das Schleichen, das Trampeln, das Tanzen und Balancieren und viele andere Sachen. Und sie bringen den Wunsch, all das zu lernen, von sich aus mit. Im ersten Lebensjahr bilden sie die Grundkompetenzen Sprache und Bewegung aus, die es ihnen in den kommenden Jahren ermöglichen, viele weitere Erfahrungen zu machen.

Wie wichtig dabei die Möglichkeit ist, Neues ausprobieren zu können, hat 1987 schon der russische Psychologe Lew Wygotski angemerkt, indem er die »Zone der nächsten Entwicklung« beschrieb: Kinder verfügen zu jeder Zeit über bestimmte Fähigkeiten. Doch darüber hinaus gibt es Dinge, die aufbauend auf diesen Fertigkeiten als Nächstes gelernt werden können. Dinge, die sie aktuell noch nicht können, aber schon bald. Hierfür brauchen sie jedoch den Rahmen, um sich erproben zu können und diese neuen Fertigkeiten auszubilden. Uns Erwachsenen kommt dabei die Aufgabe zu, die Fähigkeiten unserer Kinder einzuschätzen und ihnen das anzubieten, was sie für die weitere Entwicklung benötigen. Es klingt so einfach, dass wir sie eigentlich nur beobachten und ihnen nicht im Weg stehen sollten bei ihrer weiteren Entwicklung.

In Bezug auf die motorische Entwicklung oder die Sprachentwicklung ist dies noch eine relativ leichte Herausforderung für uns Eltern – wenn wir uns nicht zu sehr vor den motorischen Herausforderungen fürchten, die das Balancieren auf Mauern oder das schnelle Laufradfahren mit sich bringen. Schwieriger wird es bei der Frage, wann das Kind bereit ist, allein zu schlafen, oder wann es welches Essen wie essen können soll. Wenn wir davon ausgehen, dass Kinder einen inneren Entwicklungsplan haben, dem sie folgen, und dass dieser sinnvoll aufgebaut ist, lassen sich viele Fragen der kindlichen Entwicklung einfach klären.

Selbstwirksamkeit erfahren

Was lernt das Kind, wenn wir es Hindernisse überwinden lassen? Es lernt, dass es Hindernisse überwinden *kann*. Selbstwirksamkeit ist eine der wesentlichen Eigenschaften, die ein Kind wirklich braucht. Es muss wissen, dass es ein Ziel, das es sich steckt, auch erreichen kann. Es lernt, über welche Wege es an sein Ziel kommen kann, und vertraut auf sich und seine Fähigkeiten. Die Einschätzung der Situation ermöglicht es ihm, seine Chancen abzuklären und sich richtig auf das Vorankommen vorzubereiten: Es weiß, was es kann und bei welchen Dingen es Hilfe braucht.

Selbstwirksamkeit baut das Kind dann auf, wenn es Erfahrungen machen kann, bei denen es seine Ziele erreicht. Das fängt im Neugeborenenalter an und wächst nach und nach. Denn bei neuen Situationen suchen wir zunächst nach Strategien, die schon einmal erfolgreich waren und die wir abgespeichert haben. Hat das Kind laufen gelernt und liegt ihm etwas im Weg, wird es nun versuchen, mit einem Bein drüberzusteigen. Beim nächsten, vielleicht höheren Hindernis wird es sein erlerntes Wissen, mit dem es einmal erfolgreich war, wieder einsetzen und es gegebenenfalls an die neue Situation anpassen. Es weiß, es kann selbst wirksam sein, aus eigener Kraft und Anstrengung heraus.

Können Kinder Erfahrungen machen, in denen sie selbst wirksam sind, wirkt sich das auch auf die Herangehensweise in der Zukunft aus. Sie trauen sich an andere Situationen heran und gehen leichter mit weiteren Herausforderungen um. Dabei erlernen sie nicht nur Fähigkeiten, sondern bekommen auch ein Bild von sich in der Welt. Sie spüren, dass sie sich und ihrem Können vertrauen dürfen, dass sie sich selbst helfen können. Das ist eine ganz wichtige Grundlage für unser gesamtes Leben – im Alltag und auch in schwierigen Situationen. Und diese Selbstwirksamkeit des Kindes und sein Vertrauen in die eigenen Fähigkeiten unterstützen wiederum unser Vertrauen in das Kind, mit dem wir uns manches Mal so schwertun.

Auf der Suche nach dem verlorenen Vertrauen

Wir müssen nichts an unseren Kindern ändern, wenn wir sie auf eine gute Zukunft vorbereiten wollen, sondern etwas an uns selbst. Wir sind zu weit abgekommen vom natürlichen Weg der Elternschaft, vom Vertrauen in uns und unsere Kinder. Oft lässt sich das durch unsere eigene Entwicklung und durch unsere Kindheit erklären. Hinzu kommt, dass wir Eltern verunsichert

werden, weil wir uns heute vielerlei Einflüssen gegenüberse-
hen, durch die uns unser Gefühl genommen oder zumindest ein
Stück weit untergraben wird: wenn eine App uns sagt, wann
unser Baby wieder Hunger hat; wenn wir in Ratgebern nachle-
sen können, wann genau ein Kind welchen Entwicklungsschritt
machen muss; oder wenn uns der GPS-Tracker zeigt, ob unser
Kind noch auf dem Schulweg ist.

Wir versuchen, unsere Kinder bestmöglich zu unterstützen, wollen sie fördern und schützen und ihnen die besten
Startchancen geben auf dieser Reise: mit einem großen Koffer
voll von Dingen. Anstatt sie auf dem Weg persönlich an die
Hand zu nehmen und gemeinsam einen Teil der Reise, die sich
Kindheit nennt, zu gehen, bauen wir durch all die gut gemeinten Hilfsmittel Distanz auf und überwachen, statt zu begleiten. Doch diese Distanz ist nicht der positive Abstand der zu-
rückhaltenden Beobachtung, sondern vielmehr eine kritische
Distanz, aus der das Kind als unvollkommen und bedürftig
betrachtet wird. Entwicklung, so scheint es, muss heute über-
wacht und angeleitet werden. Andernfalls könnten wir wichtige Aspekte der kindlichen Entwicklung vergessen. Wir geben das Vertrauen in uns und unsere Kinder ab an Maschinen,
Dienstleistungen und Programme. Je größer die Kinder werden
und je weiter sie sich von uns wegbewegen können und wollen, desto mehr wächst unsere Angst vor dem, was wir nicht
beeinflussen können.

Doch unsere Ängste sind in vielen Punkten unbegründet.
Denn wenn wir unsere Kinder ansehen, sehen wir ganz wunderbare Wesen. Ein jedes ist unterschiedlich. Jedes ist auf seine eigene Art besonders – selbst innerhalb einer Familie. Eines
ist besonders sportlich, eines künstlerisch begabt, eines eher
mathematisch, sprachlich oder sozial. Vielleicht kommen auch
verschiedene Sachen zusammen. Und andere Dinge sind eben
weniger ausgeprägt. An den verschiedensten Themenbereichen
gleichermaßen interessiert sind die wenigsten Menschen. Doch

anstatt auf ihre Begabungen zu schauen und ihre Stärken zu beachten, starren wir auf die weniger gut ausgeprägten Aspekte. Anstatt Begabungen zu fördern, versuchen wir oftmals, die Dinge zu verbessern, die nicht gut sind. Wir investieren Zeit, Geduld und Geld, um Dinge zu fördern, in denen unsere Kinder nicht gut sind, anstatt in das zu investieren, worin sie gut sind, und sie noch besser werden zu lassen.[9] Dabei bleibt die Freude des Kindes oft auf der Strecke.

Wir müssen und sollten unsere Kinder nicht gleichmachen wollen. Wir sollten – und dürfen – sie so sehen, wie sie sind: Mit all ihren besonderen Fähigkeiten und auch den Dingen, die sie vielleicht nicht so gern haben. Anstatt unser Augenmerk besorgt auf die »Mängel« zu richten, sollten wir unsere Augen lieber strahlen lassen beim Anblick all der wunderbaren Dinge, die unser Kind kann. Wir können es darin bestärken, das auszubauen, was es liebt und gerne mag. Wir unterstützen es darin, die Dinge, die es liebt, zu tun. Und vielleicht schaffen wir es sogar, eine geliebte Sache mit einer weniger geliebten zu verknüpfen, sodass das Kind spielerisch auch andere Fähigkeiten ausbauen kann. Wenn wir es schaffen, die Freude am Tun zu erhalten, geben wir unserem Kind ein wunderbares Geschenk für die Zukunft mit. Und wir selber sehen auch, dass wir vertrauen können: nicht darauf, dass alles immer gut gemacht wird; aber darauf, dass unser Kind schon seinen eigenen Weg gehen kann. Unsere Kinder kommen voller Kompetenzen zu uns und voller Lust, noch mehr zu lernen und zu erfahren.

Wenn wir uns entschließen, mit unseren Kindern gemeinsam vertrauensvoll durch die Kindheit zu gehen, brauchen wir nur eines: Wir müssen unseren Kindern zuhören und sie beobachten. Und das ist es, was wir Eltern wirklich können. Das ist das Geheimnis einer entspannten Elternschaft: Wir müssen gar nicht viel tun oder kaufen. Wir müssen nicht alles wissen, müssen nicht alle Fachbücher über jeden Teilaspekt der kindlichen Entwicklung gelesen haben. Wir müssen einfach nur da sein, zuhören, zusehen und den Sinn des kindlichen Verhaltens erkennen. Jedes Verhalten des Kindes ergibt Sinn, und wenn wir das verstanden haben, können wir unser Kind vertrauensvoll in den vielen Jahren der Elternschaft begleiten.

◇ ◇ ◇ ◇ ◇ ◇ ◇

Zehn Tipps für mehr Vertrauen im Alltag mit Kindern

◇ Beobachte dein Kind regelmäßig im Spiel: Setze dich in die Nähe, schaue beim Spiel zu und versuche, nicht einzugreifen. Sei einfach da und beobachte. In einem kleinen Heft kannst du dir Notizen machen zu dem, was du siehst und über dein Kind erfährst.

◇ Was sind die Stärken deines Kindes? Zu oft sehen wir die negativen Seiten, was das Kind noch nicht kann, was andere besser können und so weiter. Doch jedes Kind ist einzigartig und kann bestimmte Sachen ganz toll. Nimm dir immer wieder Zeit, um auf die Stärken zu achten.

◇ Frage dein Kind! Vertrauen entsteht in der Interaktion. Wenn du bei Entscheidungen unsicher bist, sprich mit deinem Kind und frage nach seiner Einschätzung. Das geht in jedem Alter.

◇ Nimm Abstand von deinen eigenen Gedanken und Erfahrungen: Als Erwachsene denken und handeln wir anders als Kinder. Um unser Kind zu verstehen, müssen wir uns in das Kind hineinversetzen und nicht die Situation als Erwachsener betrachten.

◇ Lerne Vertrauen in kleinen Alltagsdingen: Manchmal ist es schwer, loszulassen und das Kind den Weg durchs Leben vorangehen zu lassen. Kleine Schritte machen es manchmal leichter. Deswegen fang bei den kleinen Dingen an: Lass das Kind im Supermarkt mal die Dinge in den Wagen legen, die es gerne haben möchte. Geht einen anderen Weg nach Hause, den dein Kind ausgesucht hat, und schau, was du dabei Positives erfährst.

◇ Frage dich: Woher kommen eigentlich meine Ängste? Kommen sie aus der eigenen Kindheit oder werden sie zum Beispiel von den Medien heraufbeschworen? Kannst du etwas dagegen tun, dass du geängstigt wirst?

◇ Wie nehmen andere dein Kind wahr? Manchmal ist unser Blick zu eingeengt, und es hilft, gute Freunde und Familienmitglieder nach einer Einschätzung zu fragen.

◇ Schau zurück: Manchmal sehen wir erst im Vergleich zu früher, wie sehr sich unser Kind entwickelt hat. Führe ein Tagebuch oder Fotoalbum und schau dir zusammen mit deinem Kind die Bilder der Vergangenheit an.

◇ Lass locker: Wir müssen nicht immer 100 Prozent geben – nicht als Eltern und auch nicht als Kinder – und wir sind trotzdem gut. Die Tage sind entspannter, wenn wir von unseren hohen Ansprüchen wegkommen und einfach mal nur 80 Prozent geben.

◇ Was tut dir gut? Gibt es Orte und Menschen, die dich deine Elternschaft positiver sehen lassen und dir mehr Kraft und Vertrauen schenken? Wo fühlst du dich besonders wohl und unterstützt? Suche dir mehr solcher Orte und Menschen und verbringe dort Zeit.

♡ Kinder sind kreativ! Aus einem Pappkarton und zwei Besenstielen wird ein Boot.

♡ Fast so schön wie auf einem Food-Blog: Sandkuchen lecker angerichtet.

♡ Er wird schon nicht ins Wasser fallen ... zu Naturerfahrungen gehört auch Vertrauen.

♡ Eine der besten Ideen für unseren Garten: Die Matschküche!

Entwicklung nach dem ersten Geburtstag

Wenn wir gelernt haben, die Signale unseres Babys wahrzunehmen, ist die Beantwortung seiner Bedürfnisse im ersten Jahr recht einfach. Schwieriger wird es nach dem ersten Geburtstag, wenn plötzlich die Erwartungen an das Kleinkind andere werden. Der Druck des Umfeldes, dass dieser kleine Mensch nun die gesellschaftlichen Regeln befolgen müsse, wird größer und der Blick auf die Eltern strenger. Kann es schon durchschlafen, selbst essen, laufen und zum Töpfchen gehen? Und wenn das Kind auf einmal einfordert, das Leben selbst in die Hand zu nehmen und sich auf seinem eigenen Weg zu erproben, geraten Eltern oft an ihre Grenzen, zerrissen zwischen den eigenen Wünschen, den Bedürfnissen des Kindes und dem beobachtenden Stirnrunzeln der Gesellschaft. Das Vertrauen darauf, dass Kinder sich nach eigenem Antrieb normal entwickeln, kommt hier schnell ins Wanken.

Bindungsorientierte Elternschaft hört jedoch nicht nach dem ersten Geburtstag auf. Im Gegenteil: Je mehr wir mit dem kleinen Menschen an unserer Seite zu verhandeln haben, desto mehr ist eine gute Beziehung notwendig und der Respekt gegenüber den Wünschen und Bedürfnissen unseres Gegenübers – auch wenn er oder sie erst zwei, drei oder vier Jahre alt ist. Zusammenleben bedeutet Kooperation, gegenseitige Wertschätzung, in Beziehung zu treten – all dies geht nur mit und durch Bindung. Ein respektvolles Miteinander ist nicht abhängig vom Alter. So wie wir die Äußerungen eines Erwachsenen ernst nehmen, wie wir ihn aussprechen lassen und ihm zuhören, so hat auch ein Kind einen einfühlsamen und respektvollen Umgang verdient. Dies betrifft nicht nur die alltäglichen Verhandlungen, sondern auch die langfristigen Entscheidungen, wie zum Beispiel mit den Themen Schlafen im Familienbett oder eigenem Bett, Familientisch und Stillen oder Kindergarten umgegangen wird. Wir haben in der Schwangerschaft und im ersten Lebensjahr ein Fundament für die Beziehung geschaffen, auf das wir nun in der frühen Kindheit die Grundpfeiler für ein sicheres Haus setzen, in dem wir gemeinsam leben. Diese Pfeiler entsprechen all den Themenbereichen, die eine Kindheit mit sich bringt. Sie sind die Säulen, die das Haus stabilisieren, und sie sollten alle gleichermaßen sicher aufgebaut werden und tragfähig sein. Dabei kann jedes Haus ein wenig anders aussehen, doch insgesamt steht es dann sicher, wenn wir unsere Kinder auch weiterhin ihren Bedürfnissen entsprechend begleiten und bei allen Entscheidungen auch ihre Sicht einbeziehen.

Wie wir gesehen haben, ist die wichtigste Grundregel für eine sichere Bindung das Vertrauen in das Kind: Wir müssen darauf vertrauen, dass es sich richtig und selbstgesteuert entwickeln kann, damit wir es nicht jederzeit ängstlich betrachten und unsere Bindung dadurch negativ beeinflussen. Dieses Vertrauen sollten wir dem Kind in allen Bereichen seiner Entwicklung entgegenbringen. Wir sollten unsere Kinder nicht als defizitär betrachten, uns nicht sofort fragen, ob und wenn ja, was falsch an ihnen ist. Vielmehr sollten wir zunächst immer annehmen, dass die Entwicklung und das Verhalten unseres Kindes sinnvoll sind.

Säule 1: Erholsamer Schlaf

Manchmal denken wir Erwachsenen, in den Kindern seien kleine Schalter eingebaut: In der Nacht zum ersten Geburtstag werde das Kind sicher zum ersten Mal durchschlafen, denn dann sei es ja kein Baby mehr. Doch Kinder verfügen über keine Schalter. Wie gern wir manches auch an- oder ausschalten würden – es geht nicht. Und so verhält es sich auch beim Schlaf:

Kinder schlafen nicht durch, weil sie ein bestimmtes Alter erreicht haben oder weil wir es uns wünschen.

Wann schläft das Kind denn nun endlich allein durch?

Der erste Geburtstag kommt, vergeht, und das Kind ist noch immer da, wo es bisher schlief, noch immer mit seinem eigenwilligen Schlafrhythmus. Vielleicht haben wir ja etwas falsch gemacht oder das Kind doch zu sehr verwöhnt, fragen wir uns müde. Nein, das haben wir nicht. Denn auch Kleinkinder und selbst Kindergartenkinder schlafen nicht immer durch – so wie auch wir Erwachsene hin und wieder nachts aufwachen. Das ist weder ein Fehler der Eltern noch ein Fehlverhalten des Kindes. Und wie auch schon beim Baby ist die Antwort auf die Frage nach dem Warum eigentlich eine ganz einfache: weil es für das Kind so besser ist. Kinder schlafen dann durch, wenn sie es können.

Als Eltern müssen wir uns immer wieder vor Augen halten, dass Babys und Kleinkinder nichts tun, was unlogisch wäre, denn dafür hat die Natur in ihrem komplexen System einfach keinen Platz. Kinder folgen ihrem persönlichen Entwicklungsplan, und kindliches Verhalten ergibt immer Sinn – nur verstehen wir Erwachsenen diesen Sinn oft nicht auf den ersten Blick. Manchmal steht unserem Verständnis auch im Weg, dass wir uns selbst etwas ganz anderes wünschen, gerade dann, wenn wir uns nach einer langen und ruhigen Nacht sehnen. Deswegen müssen wir das Verhalten unseres Kindes aus einer anderen Perspektive betrachten: Wir müssen annehmen, dass sein Verhalten richtig ist, und uns fragen, *warum* es sich so verhält. Dann kommen wir einer möglichen Änderung viel näher als auf andere Weise. Was immer wir zu ändern wünschen, müssen wir zunächst verstehen.

Genauso verhält es sich auch beim nächtlichen Aufwachen des Kindes: Kinder wachen unter anderem in der Nacht auf, weil sie sich versichern wollen, dass alles gut ist. Sie sind auch als Kleinkinder noch darauf angewiesen, dass sie von ihren Bindungspersonen umsorgt werden und dass sich diese um ihr Wohlergehen kümmern und sie beschützen. Wie alle Menschen wachen auch Kinder nachts auf und überprüfen, ob alle schutzgebenden Faktoren noch vorhanden sind. Durchschlafen bedeutet nicht, dass das Kind in der Nacht kein einziges Mal aufwachen darf! Es bedeutet, dass Kinder sechs bis acht Stunden ruhen und zwischendurch nach dem Aufwachen von selbst wieder einschlafen können. Anders als bei uns Erwachsenen funktioniert das Wiedereinschlafen bei ihnen jedoch noch nicht so problemlos. Oder sie stellen einen Mangel fest, beispielsweise die Abwesenheit von Mama oder Papa, die im Nebenzimmer noch fernsehen, und möchten sogleich deren schützende Nähe wiederherstellen. Vielleicht werden sie auch gerade trocken und spüren nachts das Bedürfnis, auf Toilette zu gehen. Oder sie haben nach einem aufregenden Tag einen Traum, der sie nicht ruhig schlafen lässt.

Insbesondere Stillkinder wachen nachts häufig auf, weil sie Hunger haben. Zwar wird oft betont, dass Babys nach dem zweiten Lebenshalbjahr keine nächtliche Energiezufuhr benötigen würden, doch basieren diese Annahmen auf Daten von nicht gestillten Kindern, deren Nahrung weniger schnell verwertet wird und die auch größere Mengen zu sich nehmen. Das Bedürfnis, nachts weiterhin gestillt zu werden, ist also ganz normal und einer von vielen möglichen Gründen für das nächtliche Aufwachen.

Das Bett als sicherer Ort

Nach und nach lernen Kinder ihren Schlafort als sichere Basis kennen und vertrauen darauf. So können sie selbst wieder einschlafen, wenn sie einmal aufgewacht sind. Doch diese Entwicklung braucht Zeit und von Eltern die Unterstützung, den

Schlafplatz als sicheren Ort zu erfahren – egal ob Familien- oder eigenes Kinderbett. Die Kinder lernen, dass immer eine Bindungsperson in der Nähe ist und dass sie nachts nichts befürchten müssen. Diese Sicherheit gilt es, ihnen in den ersten Jahren zu vermitteln.

Gelingen kann das, wenn wir das Bett und den Schlaf positiv besetzen: Kinder *müssen* nicht ins Bett, die *dürfen* zum Ausruhen in das Bett gehen. Schlaf ist niemals eine Strafe und das Bett kein Strafort: Ein »Heute gibt es kein Vorlesen, sondern du musst gleich ins Bett« lässt die Bettruhe nach einer harten Sanktion klingen. Doch genau das soll es nicht sein: Das Bett ist ein Ort, an dem das Kind immer sicher und behütet ist. Es ist ein angenehmer, weicher Ort, zu dem auch die Eltern immer kommen, wenn das Kind sie braucht. Diese positiven Gefühle in Bezug auf das Schlafen und die Bettruhe schließen automatisch die Anwendung jeglicher Schlaflernprogramme aus, bei denen Kinder alleingelassen werden und die beim Kind Stress verursachen.

Ist das Kind größer, kann es das Bett selbstständig sicher verlassen, um die Nähe der Eltern aufzusuchen, wenn es sie braucht. Das Kind steht auf einmal im Raum, anstatt nach Mama oder Papa zu rufen. Und irgendwann steht es sogar allein auf, um zur Toilette zu gehen, und kehrt wieder allein ins Bett zurück.

Angst vor der Dunkelheit

Doch bis das Kind so weit ist, kann es eine ganze Weile dauern, da Kleinkinder oft Angst vor der Dunkelheit haben. Und auch hier sollten wir das kindliche Verhalten nicht als Mangel wahrnehmen, sondern uns nach den Gründen fragen, um damit umgehen zu können: Die Angst vor der Dunkelheit bewahrt das Kind, das sich nun selbst fortbewegen kann, davor, sich nachts zu weit zu entfernen und in Gefahr zu geraten. Unsere Kinder sind Erben der Steinzeitkinder, die in der Nacht nicht verloren gehen durften, da sie sonst Opfer wilder Tiere geworden wären. Auch unsere heute geborenen Kinder wachsen also mit Angst vor der Dunkelheit auf, weil darin Gefahren lauern könnten.

Monster unter dem Bett, Angst vor Gespenstern oder einem Krokodil im Kleiderschrank – all dies sind reale Ängste unserer Kinder, die wir nicht abtun sollten. Aus dem Spiel mit unseren Kindern kennen wir ihre Fantasie. Wir wissen, dass eine Puppe in ihrer Wahrnehmung sprechen kann, dass Feen existieren und dass das Sockenmonster die Socken versteckt. Besonders die »magische Phase« zwischen dem dritten und fünften Geburtstag bringt viele fantastische Vorstellungen hervor. So real, wie diese Dinge tagsüber für unsere Kinder sind, so real sind auch die nächtlichen Ängste. Selbst wenn sie für uns unverständlich sein mögen, ist es doch unsere Aufgabe, sie einfach anzunehmen.

Unsere Kinder brauchen unsere Aufmerksamkeit, das Zuhören und gemeinsame Finden von Lösungen auch nach dem Babyalter: Mit Monstersprays können Monster verscheucht werden, gemeinsam kann am Abend auf Krokodiljagd gegangen werden. Diese Maßnahmen zeigen unseren Kindern: Meine Bindungsperson nimmt meine Ängste ernst, schützt mich und sorgt für eine gute Nachtruhe. Und natürlich sollten wir auf keinen Fall die Ängste vor der Dunkelheit noch weiter schüren mit schaurigen Geschichten oder Drohungen.

Wer ein Kleinkind in den Schlaf begleiten möchte, braucht Ruhe, Fantasie und Geduld, um auch die Wünsche des Kindes berücksichtigen zu können. Und oft schadet eine kleine Prise Inkonsequenz nicht, wenn das Kind an manchen Tagen etwas mehr Zuwendung braucht – denn ganz sicher hat es dafür seinen Grund.

Der Mittagsschlaf

Nicht selten spielen auch die Veränderungen des Tages- und Nachtschlafs eine wichtige Rolle. Manche Kinder brauchen noch lange eine ausgedehnte Mittagsruhe, einige sogar bis zum Schulalter, andere Kinder legen den Mittagsschlaf schon früh ab. Wie viel Schlaf Kinder insgesamt benötigen, ist sehr unterschiedlich verteilt und variiert über mehrere Stunden am Tag.[10] Auch wenn wir es uns manchmal wünschen würden, lässt sich jedoch der Nachtschlaf nicht unbedingt durch das Weglassen des Mittagsschlafes verbessern. Ein Kind schläft dann, wenn es müde ist. Ist es tagsüber müde, sollten wir ihm das Bedürfnis nach Schlaf und Ruhe zugestehen und es nicht zum Wachbleiben zwingen. Manchmal ist es hilfreich, den Mittagsschlaf möglichst früh am Tag einzubinden, damit der Abendschlaf nicht zu lange auf sich warten lässt – schließlich kennen fast alle Eltern das Dilemma, das sich ergibt, wenn ein Kind den Mittagsschlaf erst um 17 Uhr nachholt. Das ist für viele Eltern, die in den Abendstunden ihre Zeit für sich haben wollen, eine schwierige Situation. Wer jedoch einem Kind den Mittagsschlaf ganz vorenthält, obwohl es ihn noch braucht, greift nicht nur stark in eines der Grundbedürfnisse des Menschen ein, sondern erschwert sich selbst den Nachmittag mit einem übermüdeten Kind.

Nachtschreck und Schlafwandeln

Nur gegen zwei Nachtgäste der frühen Kindheit können wir Eltern nichts unternehmen: den Nachtschreck und das Schlafwandeln. Funktioniert der Übergang vom Tief- in den Traumschlaf noch nicht reibungslos, schreckt das Kind hoch, schreit, schlägt um sich und ist nicht ansprechbar. Es hat Angst, reagiert jedoch auf keine beschwichtigenden Worte und keine Berührungen. Im Gegenteil: es wehrt sich. Hier können wir nur darauf achten, dass das Kind sich nicht verletzt. Und auch auf das Schlafwandeln können wir keinen Einfluss nehmen, außer eine sichere Umgebung zu schaffen, in der sich das Kind nicht verletzen kann und die ihm Struktur und verminderte Reize anbietet, wodurch Schlafwandler seltener von nächtlichen Aktivitäten geplagt werden.

Und wo soll das Kind nun schlafen?

Wie sieht der richtige Schlafplatz für ein Kind nach dem ersten Geburtstag aus? Bis zu diesem Zeitpunkt wurde das Schlafen im Bett der Eltern vielleicht noch mit einem zugedrückten Auge toleriert, doch spätestens jetzt bricht über die meisten Eltern die Flut der Verwöhnungs-Kommentare herein. Schauen wir uns jedoch die Bedürfnisse des Kindes nach einem sicheren Schlafort an und gehen weiterhin davon aus, dass das kindliche Verhalten einen Sinn hat, bekommen wir ein ganz eindeutiges Signal, wo der richtige Schlafplatz zu finden ist: nämlich genau dort, wo sich das Kind sicher und geschützt fühlt. Das kann von Kind zu Kind verschieden sein. Die einen brauchen noch einige Zeit elterliche Nähe im Familienbett oder kommen, sobald sie Nähe und Zuwendung brauchen, vom eigenen Bett ins Elternbett gepilgert.

Äußere Faktoren wie der Kindergartenstart, ein Umzug oder ein neues Geschwisterkind können die gewohnte Sicherheit jedoch plötzlich unterwandern und das Kind wieder in die elterliche Nähe bringen. Auch hier gilt: Das Kind geht seinen Weg, und wir begleiten es. Es weiß, was es braucht und was ihm guttut, und genau dies können wir ihm ermöglichen.

Manche Kinder ziehen früher in das eigene Bett um, andere später. Auch das generelle Temperament des Kindes nimmt einen Einfluss auf diesen Prozess wie auch das Vorbild größerer Geschwister. Ist das Kind heute noch nicht bereit, im eigenen Bett zu schlafen, hat es dafür sicher Gründe. Ist es unser

Wunsch, dass das Kind langsam aus dem Elternbett auszieht, müssen wir die Gründe des Kindes verstehen und ihm eine Alternative anbieten, die seinen Bedürfnissen entspricht. Manchmal reicht es, den Schlafort noch einmal genau anzusehen und zu überprüfen, ob die Bedürfnisse des Kindes dort erfüllt werden: Warum fühlt es sich nicht sicher und geborgen, was können wir gemeinsam ändern?

Doch wenn sowohl Kind als auch Eltern eigentlich keine Gründe haben, am gemeinsamen Schlafen etwas zu ändern, dann kann das Familienbett bedenkenlos fortgeführt werden, solange es für alle Beteiligten stimmig ist.

Gesunde Kinder schlafen eines Tages durch und haben auch keine Angst mehr allein im Dunkeln. Manche Kinder sind für den Wechsel in ein eigenes Zimmer im zweiten Lebensjahr bereit, andere erst in der Schulzeit. Viele Kinder ziehen in der Autonomiephase aus dem Familienbett aus, wenn sie eine passende und sichere neue Schlafumgebung »für Große« angeboten bekommen. Aus ihrer eigenen Entwicklung heraus werden sie eines Tages ihren eigenen Raum wollen und beanspruchen – wenn sie so weit sind. So albern es sich manchmal anhört: Unsere Kinder schlafen nicht bis zur Volljährigkeit in unseren Betten. Zudem können wir uns in den Momenten des Zweifels auch vor Augen führen, dass eigene Kinderzimmer, die bei uns immer wieder angepriesen werden, nicht überall üblich sind. In anderen Ländern und Kulturen wird mit dem Nähebedürfnis der Kinder anders umgegangen – teils aus Armut, teils aus Platzmangel, teils wegen einer anderen Sicht auf das Kind und seine Bedürfnisse. Das Schlafen im gemeinsamen Bett oder der Nähe der Bindungsperson(en) wird dort nicht wie hier infrage gestellt.

Zehn Anregungen für einen guten Schlaf

◇ Das Schlafen und den Schlafort immer positiv besetzen:
Kinder *müssen* nicht schlafen gehen, sie *dürfen* schlafen gehen.

◇ Nähebedürfnis anerkennen: Kinder müssen sich sicher
fühlen.

◇ Schlaflernprogramme unterbinden das Gefühl der Sicherheit in Bezug auf den Schlafort.

◇ Angst vor der Dunkelheit ist normal und sinnvoll.

◇ Kindliche Ängste sind für das Kind real, auch wenn sie
uns abwegig erscheinen. Lieber gemeinsam auf Monster-
jagd gehen, als das Kind ängstlich im Bett zurückzulassen.

◇ Bei Problemen mit der Schlafsituation immer zuerst fragen: Warum zeigt mein Kind dieses Verhalten? Nicht sofort davon ausgehen, dass es unnormal ist.

◇ Das Schlafverhalten des Kindes nicht vor ihm problematisieren, damit es sich nicht wegen seines Bedürfnisses
nach Nähe und Schutz schuldig fühlt. Bei Problemen lieber positiv nach Lösungen suchen: Wie kann ich es dir an
einem anderen Ort gemütlicher machen?

◇ Alle Beteiligten haben ein Recht auf guten Schlaf, weshalb eine für alle richtige Lösung gefunden werden muss.

◇ Es gibt immer wieder Phasen, in denen das Kind mehr
»Sicherheitsgefühl« einfordert. Der Weg zum eigenstän-
digen Schlafen ist eine Berg-und-Tal-Bahn, auf der wir gemeinsam fahren.

◇ Der eine richtige Schlafort ist der, an dem sich das Kind
wohl und sicher fühlt, nicht der, den Bekannte und Verwandte als richtig empfinden.

Säule 2: Gesunde Ernährung

Es sind die lebenserhaltenden Fragen, die uns Eltern besonders nahegehen: Kinder brauchen viel Schlaf, wird uns gesagt,
sonst können sie schwerwiegende neurologische Probleme bekommen. Und Kinder müssen gut essen, damit sie mit allem
versorgt sind, was sie für ihre enorme Entwicklung benötigen.
Genau das sind unsere Schwachstellen als Eltern: die Bereiche,
in denen wir fürchten, etwas falsch zu machen, und sich das
langfristig zum Nachteil auf unsere Kinder auswirkt.

Wann isst denn das Kind »richtig«?

Gerade die Ernährung unserer Kinder bietet hier viele mögliche
Problemfelder: Wird zu kurz oder zu lang gestillt? Wann isst
das Kind wie viel am Familientisch mit? Welche Nahrungsmittel verträgt oder mag es – und deckt es damit wirklich den Ta-
gesbedarf an wichtigen Vitaminen? Doch längst ist nicht mehr
nur die Nahrungsmittelauswahl unter kritischer Beobachtung,
sondern natürlich auch die Menge der Mahlzeiten und die Ge-
wichtsentwicklung des Kindes. Und mit dem Essverhalten an
sich werden auch die kindlichen Tischmanieren infrage gestellt.
Eltern werden verunsichert und darüber auch die Kinder.

Die KiGGS Studie des Robert Koch Instituts stellte 2008 fest:
Ein Fünftel der Kinder und Jugendlichen zwischen 11 und 17
Jahren zeigt Hinweise auf ein gestörtes Essverhalten, Mädchen
fast doppelt so häufig wie Jungen. Untersuchungen zeigten,
dass Frauen, die an Anorexie oder Bulimie leiden, häufig einen
unsicher-ambivalenten Bindungsstil haben.[11]

Unser Bindungsmuster nimmt nicht »nur« Einfluss darauf,
wie wir mit anderen in Kontakt kommen, ob wir ängstlicher
oder aufgeschlossener sind. Es wirkt sich auf alle Bereiche aus,
bis in die kleinsten Aspekte unseres Alltags hinein. Die Art, wie
wir mit unseren Kindern umgehen, drückt sich im Alltag aus,

Bindung findet im Alltag statt. Gerade Routinesituationen wie die Mahlzeiten und unser Umgang mit dem kindlichen Essverhalten sind prägende Kindheitserlebnisse, die uns das ganze Leben lang begleiten. Wie auch der Schlaf ist Nahrung ein menschliches Grundbedürfnis, das einerseits nicht verweigert, andererseits nicht aufgedrängt werden darf. »Wird das Kind in seinem Lustbedürfnis und damit gleichsam in seinem Autonomiebedürfnis zu stark reglementiert«, schreibt die Psychologin Stefanie Stahl[12], »so kann dies dazu führen, dass der Erwachsene […] – angepasst an den elterlichen Erziehungsstil – genussfeindliche Normen und zwanghaftes Verhalten entwickelt. Oder – in Abgrenzung zu den Eltern – undiszipliniert und maßlos seinem Luftempfinden nachgibt.« Wir Eltern müssen mit unseren Kindern einen guten, passenden Weg finden – und auch hier kann uns das Kind die Richtung vorgeben. Denn eigentlich bringen Kinder für die richtige Ernährung alles mit, was sie brauchen: Sind sie ausgetragen geboren und leiden nicht an besonderen Krankheiten, die eine spezielle Behandlung erfordern, möchten sie von sich aus nach Bedarf mit gesunden Nahrungsmitteln genährt werden.

Stillen und Beikost

Schon beim Stillen regulieren sich Angebot und Nachfrage, und das Stillen nach Bedarf wird ausdrücklich von der WHO empfohlen. Wird das Kind nicht gestillt, wird die Ernährung nach Bedarf mit Pre-Milch empfohlen. Schwieriger wird es dann, wenn neben dem Grundnahrungsmittel (Mutter-)Milch die erste Beikost eingeführt wird. Denn schon hier werden Eltern durch Mengenangaben, Mahlzeitenreihenfolgen und Nahrungsmittelzusammenstellungen verunsichert: Zuerst der Mittagsbrei, nur nicht süßen Brei zuerst, und was ist eigentlich, wenn man kein Fleisch füttern möchte? Und soll man überhaupt noch Brei geben oder lieber »Baby-Led Weaning« praktizieren,

bei dem sich das Kind selbst abstillt und nicht mit Beikost gefüttert wird, sondern lernt sich nach seinen eigenen Fähigkeiten
am Essenstisch selbstständig zu versorgen? Doch auch wenn
Baby-Led Weaning viele Vorteile hat[13], gibt es auch bei der Bei-
kosteinführung nicht den einen immer richtigen Weg.

Viel mehr als um die Konsistenz der Nahrungsmittel geht es
um das *Wie* der Einführung. Kinder wollen die Welt mit allen
Sinnen begreifen, wollen lustvoll mit ihr umgehen. Nahrung ist
ein Teil davon, und wir können unsere Kinder an die Hand nehmen, um sie genussvoll durch ein kulinarisches Entdeckungs-
land zu begleiten. Manche Dinge werden sie mögen, andere
nicht. Der Geschmack wandelt sich im Laufe der Zeit wie auch
die Fähigkeiten des Kindes, mit dem Essen umzugehen.

Wenn das gesunde Essen abgelehnt wird

Oft sind es die Erwartungen von uns Erwachsenen, die es uns
im Alltag mit den Kindern schwer machen. Mühevoll zubereitete Mahlzeiten in Bioqualität werden verschmäht, und wir als
Zubereitende sind zu Recht ein wenig frustriert, dass unsere
Kochkunst abgelehnt wird. Doch wenn wir ein wenig zurück-
treten und die Situation betrachten, sehen wir, dass es schließlich nicht um die Bewunderung unserer Kochkünste geht, wenn
wir mit unseren Kindern gemeinsam essen wollen. Essen ist
vieles: Sinneserfahrung (schmecken, riechen, tasten, hören),
Anlass zur Kommunikation, feinmotorische Herausforderung
und Versorgung mit Lebensmitteln zum Überleben.

Der letzte Punkt macht es uns als Eltern von Klein-, Vor-
schul- und Schulkindern besonders schwer. Denn auch beim
Essen gilt: Kindliches Verhalten macht Sinn, und wir können
unseren Kindern vertrauen. Als Eltern wünschen wir uns, dass
die Kinder gesunde Nahrung zu sich nehmen und keinen Mangel erleiden. Wir verstehen nicht, wie unser sorgsam gedünste-
ter Brokkoli oder die schöne Spinatsauce verschmäht werden

können. Doch Geschmack entwickelt sich über die Lebensspanne, und Kinder haben gegenüber bestimmten Geschmacksrichtungen eine Abneigung, die vielleicht erst im Jugendalter verschwindet.[14]

Die Vermeidung von neuen Lebensmitteln, die alle Eltern kennen, wird als Neophobie bezeichnet und ist ganz normal: Auch hier drückt sich wieder das evolutionäre Erbe aus, denn wenn Kinder ins Alter der Fortbewegung kommen, vermeiden sie unbekannte oder bittere Speisen, um sich vor giftigen oder ungenießbaren Nahrungsmitteln zu schützen.[15] Natürlich ist dies heute bei uns eigentlich nicht mehr nötig. Es stellt sich also die Frage, wie wir mit dieser natürlichen Einstellung der Kinder umgehen. Wenn wir um die Gründe des kindlichen Verhaltens wissen, ist eine entspannte Reaktion viel einfacher: Es liegt nicht an uns, es ist normal!

Normal ist es auch, wenn Kinder über längere Phasen das gleiche Essen haben möchten. Vielleicht sind sie gerade in einer Phase, in der sie sich besonders viel bewegen, und brauchen viele Kohlehydrate; oder sie benötigen nach einem Infekt besonders viel Eiweiß. Lassen wir uns doch einfach mal auf den Bedarf des Kindes ein und kochen eine Woche lang Nudeln! Dazu können wir jeden Tag noch etwas anderes anbieten, eine Soße oder eine Beilage, die Abwechslung hineinbringt. Oder wir gestalten gemeinsam mit unseren Kindern einen Kochplan mit Grundzutaten: Immer montags gibt es Nudeln als Grundzutat, immer dienstags Kartoffeln, immer mittwochs Hirse/Amaranth/Couscous und so weiter. Eine solche Richtschnur, in der Küche oder am Esstisch aufgehängt, hilft den Kindern in der Strukturierung der Woche und unterstützt uns darin, Abwechslung und dennoch Routine anzubieten.

Kinder haben das Recht darauf, nicht zum Essen gezwungen zu werden. Das gilt für die Mahlzeiten im Ganzen, aber auch für »Probierhäppchen«: Wenn ein Kind eine Speise ablehnt, sollten wir dies akzeptieren. Essen darf kein Zwang sein, und Unlust darf nicht sanktioniert werden mit Drohungen wie: »Aber wenn du das nicht isst, gibt es auch nicht …«

Hilfreich ist es, wenn wir dem ablehnenden Kind die Speise immer mal wieder anbieten und es generell aus einer gesunden Nahrungspalette auswählen lassen. Nach und nach lehnen Kinder die immer wieder angebotenen Speisen seltener ab, und im Laufe der Jahre bis zur Pubertät wird die Vielfalt an tolerierten Nahrungsmitteln wieder größer.

Tatsächlich aber spielt die Auswahl des Familienessens eine wichtige Rolle. »Wenn ich mein Kind selbst auswählen lassen würde, würde es nur Süßigkeiten essen«, ist ein häufiger Einwand gegen das selbst gesteuerte Essen. Doch Süßigkeiten ebenso wie besonders fettes Essen oder Junkfood sollten überhaupt nur in einer sehr begrenzten Menge zur Verfügung stehen. Eine Auswahl sollten Kinder aus wirklich gesunden Lebensmitteln treffen können. Natürlich kann auch Süßes dabei sein, aber es spricht nichts dagegen, »gesundes Süßes« anzubieten wie Trockenfrüchte, selbst zubereitete Süßspeisen und Gebäck in Maßen.

Gemeinsam selber kochen

Wenn wir unsere Kinder an der Zubereitung des Essens beteiligen, hat das oft einen weiteren förderlichen Effekt auf das Essverhalten, denn selbst zubereitetes Essen wird auch lieber verspeist. Schon kleine Kinder können wunderbar in der Küche mit einbezogen werden, indem sie Obst und Gemüse abwaschen dürfen, Speisen aus dem Kühlschrank holen oder wieder hineinlegen und schließlich auch beim Kleinschneiden helfen. Es gibt spezielle Kindermesser, mit denen Kinder aktiv beteiligt werden können.

Ab dem Laufalter dürfen sie auch beim Tischdecken helfen und das Geschirr nach dem Essen mit abräumen. Wer in der Küche ein kleines Regal oder einen Schrank hat, aus dem schon die Kleinsten ihre Teller, Tassen und das Besteck selbst herausholen

können, kann sie so auf natürliche Weise beteiligen. Machen sie
von Anfang an bei der Vorbereitung mit, entstehen in späteren
Jahren keine Unstimmigkeiten, wenn auf einmal Mithilfe erwartet wird, nachdem das Kind jahrelang »bedient« wurde.

Wie lange stillen?

Eine der ganz großen Fragen der Kleinkindzeit ist das Stillen:
In einem Land, in dem Mütter ihre Kinder durchschnittlich 6,9
Monate stillen und nur 22 Prozent der Kinder mindestens sechs
Monate lang voll gestillt werden[16], ist das Stillen nach dem ersten Geburtstag eine Besonderheit. So kommt es, dass Mütter,
die größere Kinder stillen, kaum in Erscheinung treten – und
wenn, dann haben sie mit Vorurteilen zu kämpfen. Auch hier
geht es insbesondere wieder um den Vorwurf des Verwöhnens,
der von jener Generation kommt, die es ganz anders gemacht
hat, und das vor allem wegen des Einflusses der damals neuen
und modernen Muttermilchersatzindustrie, der sich nachhaltig
ausgewirkt hat und auch heute noch sehr groß ist.

Die amerikanische Anthropologin Katherine Dettyler[17]
schreibt jedoch von einer normalen Stilldauer von 32 Monaten! Ihre Berechnung basiert auf Vergleichen mit anderen Säu-
getierarten und einer großen Anzahl von traditionell lebenden
Kulturen. Das lange Stillen ist also keineswegs unnormal, und
ihre Ergebnisse sprechen auch dagegen, dass Kinder dadurch
»verwöhnt« werden könnten: Von einem normalen, artgerech-
ten Verhalten können Kinder nicht negativ verwöhnt werden.
Auch die Weltgesundheitsorganisation (2003) empfiehlt das
ausschließliche Stillen in den ersten sechs Lebensmonaten –
und im Anschluss neben passender Beikost das Stillen bis zum
zweiten Geburtstag und darüber hinaus, um die kindliche Entwicklung optimal zu unterstützen und auch, um den Nährstoff-
bedarf des Kindes zu decken.

Gerade auch der Aspekt der Nährstoffbedarfsdeckung

ist nach dem ersten Geburtstag wichtig. Oft wird behauptet, nach einem Jahr sei nichts Wichtiges mehr in der Milch enthalten. Doch diese Aussage ist falsch: Muttermilch besteht zu 87 Prozent aus Wasser, aber daneben sind Fette, Eiweiße, Kohlehydrate, wasser- und fettlösliche Vitamine, Mineralien und Spurenelemente enthalten. All diese Inhaltsstoffe wirken selbstverständlich nicht nur bei Babys, sondern auch bei (Klein-)Kindern. Natürlich ist die Muttermilchmahlzeit bei einem Kleinkind meistens nicht mehr die Hauptnahrungsquelle wie bei einem Baby. Das muss sie auch nicht sein, aber sie versorgt das Kind mit vielen Nährstoffen, die es jetzt gut brauchen kann.

Vor allem, wenn wir ein krankes Kleinkind haben, das keine feste Nahrung zu sich nehmen möchte, ist Muttermilch eine gute Alternative: Sie enthält Flüssigkeit und ist zugleich eine kalorienreiche, gut bekömmliche Kost mit immunologischen Eigenschaften. Die in der Muttermilch enthaltenen Leukozyten können Kinder aktiv bei der Abwehr von Krankheiten unterstützen, da sie Immunglobulin A herstellen. Auch das enthaltene Laktoferrin hat infektionsabwehrende Eigenschaften. Lysozym beeinflusst die Darmflora positiv und wirkt entzündungshemmend. Marie Biancuzzo schreibt: »Mehrere Studien weisen darauf hin, dass die Vorteile des Stillens auch nach dem Abstillen noch anhalten, und einige Untersuchungen haben zu dem Schluss geführt, dass Stillen im zweiten Lebensjahr vor Infektionen schützt. Eine längere Stillzeit dürfte sogar einen noch ausgeprägteren Schutzeffekt haben.«[18] Gerade für die Eingewöhnungszeit in der Krippe oder im Kindergarten ist das Stillen deswegen auch eine sehr gute Begleitung.

Neben diesen »harten Fakten« gibt es natürlich noch weitere Aspekte, die für das Stillen sprechen: Durch das Stillen und den Körperkontakt werden Oxytocin und körpereigene Opiate ausgeschüttet, die das Kind beruhigen, es leichter in den Schlaf begleiten und entspannen. Die Antwort auf die Frage, warum man nach dem ersten Geburtstag noch stillt, lautet deswegen einfach: weil Stillen mehr als Nahrung ist – ganz besonders auch nach dem ersten Geburtstag.

Die Empfehlung der WHO enthält auch den Vermerk, dass gestillt werden kann, solange es für Mutter und Kind richtig ist. Stillen ist nicht einseitig, es sind mehrere Personen daran beteiligt, und ihnen allen sollte es damit gut gehen. Ein Kind gegen den eigenen Wunsch zu stillen, ist nicht zielführend. Auch der Mutter muss es mit dem Stillen gut gehen und dies besonders dann, wenn das größere Kind die Stillmahlzeiten viel eindringlicher angeht als zur Babyzeit. Nicht selten strecken Kleinkinder die Hände in das erreichbare Dekolleté und lassen sich in der Öffentlichkeit nicht mehr einfach unter einem Tuch beim Stillen verbergen. Hier hilft es, mit dem Kind Vereinbarungen für die Rahmenbedingungen des Stillens zu treffen.

Wie immer gilt auch hier: Wir müssen mit unseren Kindern sprechen, ihnen die Welt erklären und auch Handlungsmuster anbieten, die ihnen entsprechen. Erst mit drei Jahren beginnen Kinder damit, sich wirklich gut in die Denkweisen anderer Menschen einfühlen zu können. Vorher ist es ihnen nicht möglich, unsere Absichten und Gründe immer nachzuvollziehen. Deswegen müssen wir sie emotional und geistig da abholen, wo sie stehen. Wenn wir passende Vereinbarungen treffen, kann die Stillzeit noch lange fortgeführt werden.

Der richtige Zeitpunkt fürs Abstillen

Irgendwann kommt der Punkt, an dem sich das Kind selber abstillt, oder die Mutter möchte das Abstillen nun langsam einleiten. »Langsam« ist beim Abstillen eines Kleinkindes ein wichtiges Gebot, denn das Kind ist nun lange Zeit daran gewöhnt, dass seine Bedürfnisse erfüllt werden. Die mütterliche Brust ist warm, weich, spendet Trost, gibt Nahrung – aus Kinderperspektive gibt es keinen Grund, dieses wunderbare Ritual zu ändern. Warum sollte sich das Kind an etwas Neues gewöhnen, wenn das Alte doch perfekt ist? Wenn wir als Erwachsene den Wunsch nach dem Abstillen verspüren, ist das Stillen zwar für uns nicht mehr richtig, aber sehr wahrscheinlich noch für das Kind. Dies sollten wir immer berücksichtigen, wenn wir über das kindliche Verhalten nachdenken.

Wer abstillen möchte, kann die Trennung von der Muttermilch beim Kind dadurch unterstützen, dass es weniger Momente im Alltag für das Stillen gibt. Bestimmte Alltagsroutinen können eine Weile unterbrochen werden, beispielsweise wenn immer nachmittags auf dem Sofa »gekuschelstillt« wurde, wird nun nachmittags zusammen in der Küche gebacken, oder man geht gemeinsam auf den Spielplatz. Auch feste Verabredungen können das Stillen nach Bedarf ablösen: Gestillt wird immer auf diesem Sessel, gestillt wird immer nach dem Kindergarten zu Hause … Stillshirts werden wieder durch »normale« Kleidung abgelöst.

Die Gelegenheiten zum Stillen werden also langsam weniger, Stillmomente umgangen und Alternativen angeboten. Mit der Umgewöhnung des Kindes wird respektvoll umgegangen, und neue Wege für die Momente der Gemeinsamkeit und des Kuschelns werden gefunden: Wenn sich eine Tür schließt, öffnet sich eine andere.

Wenn wir nicht mehr stillen, sind wir nicht weniger mit unseren Kindern verbunden. Nicht-(mehr-)Stillen bedeutet nicht Nicht-(mehr-)Lieben. Es ist eine neue Art der Verbundenheit, eine neue Chance für neue Momente. Für die einen entstehen diese neuen Momente früher, für andere später. Wann auch immer der richtige Zeitpunkt für das Ende einer Stillbeziehung ist, entscheiden Mutter und Kind gemeinsam. Manche Kinder sind dann ein Jahr alt, manche drei oder noch älter.

Zehn Anregungen für eine gesunde Kinderernährung

◇ Essen darf kein Zwang sein.

◇ Kinder dürfen aus einem *gesunden* Angebot mit auswählen.

◇ Kinder sollten Obst und Gemüse im Laden mit auswählen dürfen.

◇ Wenn Kinder bestimmte Speisen ablehnen, hat das oft einen Sinn. Abgelehntes sollte aber immer mal wieder zwanglos angeboten werden.

◇ Wünsche nach immer wieder gleichen Nahrungsmitteln sind normal. Abwechslung kann hereingebracht werden, indem man eine Grundzutat abwandelt.

◇ Wer bei der Zubereitung helfen darf, dem macht oft auch der Verzehr mehr Spaß.

◇ Erreichbare Küchenutensilien helfen den Kindern, in der Küche aktiv teilnehmen zu können.

◇ Süßigkeiten brauchen nicht verteufelt werden, aber gesunde Süßigkeiten (Trockenobst, selbst Gebackenes) sind Fertigprodukten vorzuziehen.

◇ Stillen ist mehr als »nur« Nahrung, und die gesunden Inhaltsstoffe in der Muttermilch sind auch für größere Kinder sinnvoll.

◇ Stillen, solange Mutter *und* Kind dies wollen – es muss für alle Beteiligten stimmig sein.

Säule 3: Von der Windel zum Töpfchen

Babys mit einem großen Windelpo gelten als knuffig, Kleinkinder mit einem Windelpo werden irgendwann kritisch beäugt. Je größer sie werden, desto strenger wird der Blick, und manchen Eltern ist es schon ein wenig unangenehm, in der Drogerie die Windelpackung in einer großen Größe aus dem Regal zu nehmen. Je mehr der Druck der Gesellschaft zunimmt, desto eher sind Eltern in Gefahr, diesen Druck an die Kinder weiterzugeben: »Nun musst du aber mal lernen, nicht mehr in die Windel zu machen!« Aber so einfach ist das eben nicht. Wie bei allen anderen Dingen ist auch hier richtig: Kinder zeigen das Verhalten, wenn sie dazu bereit sind.

Erschwerend bei der Windelabgewöhnung kommt jedoch hinzu, dass wir den Kindern die Benutzung der Windel quasi antrainieren. Etwa 90 Prozent aller Babys dieser Erde kommen nämlich ganz ohne oder teilweise ohne Windeln aus.[19] Babys haben von sich aus den Wunsch, ihre Ausscheidungen nicht am Körper zu tragen. Mit Signalen wie Zappeln, Weinen, Unterbrechen des Stillens zeigen sie, dass sie das Bedürfnis danach haben, und werden in anderen Kulturen dann selbstverständlich von der Bezugsperson entkleidet (sofern überhaupt notwendig) und dann so gehalten, dass sie bequem ausscheiden können. Wenn sie mobil werden, entledigen sie sich selbst ihrer Ausscheidungen, und entsprechende Kleidung wie Splitpants (Hosen mit einem Schlitz, der sich öffnet, wenn die Kinder die Beine spreizen oder in die Hocke gehen) unterstützen die Kinder darin, ihren Bedürfnissen selbstständig nachzugehen. In unserer Kultur hat es sich jedoch so entwickelt, dass wir die Kinder mit Windeln groß werden lassen. Die Vorstellung, dass Kinder sich an öffentlichen Orten ihrer Ausscheidungen entledigen, ist uns fremd.

Das Problem der Wegwerfwindeln

1973 kamen die ersten Wegwerfwindeln in Deutschland auf den Markt.[20] Für moderne Eltern und andere Pflegepersonen hat das große Vorteile, insbesondere die Zeitersparnis. Doch die Abkehr von dem natürlichen Instinkt des Kindes hat auch einen großen Nachteil: Die Kinder werden wesentlich später trocken als Kinder in Kulturen, die windelfrei leben. Die Wegwerfwindeln wurden im Laufe der Zeit immer weiter entwickelt, sodass sie die Haut im Windelbereich lange trocken halten und viel aufsaugen. Die Kinder spüren deswegen kaum noch, dass sie eine Ausscheidung von sich gegeben haben. Und viele Eltern reagieren nicht direkt auf die Ausscheidungen des Kindes, indem sie unmittelbar die Windel wechseln – durch saugfähige Absorber ist dies ja scheinbar nicht notwendig. Doch auf diese Weise verlieren Kinder nach und nach das Gespür für ihre Ausscheidungen. Erreichen sie dann aber den zweiten Geburtstag, wird erwartet, dass sie dieses Gespür wie mit einem Fingerschnipsen zurückerlangen. Natürlich funktioniert das nicht so. Vielmehr müssen sie langsam wieder lernen, die Signale ihres Körpers zu verstehen, die wir Erwachsene ihnen aus unseren eigenen Gründen abtrainiert haben.

Die Entscheidung von Eltern, solche Windeln zu verwenden, ist durchaus nachvollziehbar. Wahrscheinlich sind die wenigsten von uns selbst windelfrei aufgewachsen, und das Wissen um diese Möglichkeit und auch darum, dass Kinder eben nicht erst mit zwei Jahren fähig sind, ihre Ausscheidungen zu beeinflussen, sondern von Anfang an, ist noch nicht weit verbreitet. Man kann Eltern, die sich heute für Wegwerfwindeln entscheiden, keinen Vorwurf machen, denn natürlich ist es verlockend, nachts nicht wickeln zu müssen und auch tagsüber weniger Wickelzeiten zu haben. Dies umso mehr, wenn das Baby größer wird und gegen das Wickeln vielleicht protestiert, da es nicht stillliegen möchte. Wickeln gehört meist nicht zu den beliebtesten Dingen beim Elternsein. Jede Familie hat ihre Gründe für die Entscheidungen, die sie trifft, und es ist in Ordnung, den Weg der Wegwerfwindeln zu gehen. Nur müssen wir dann auch akzeptieren, dass dieser Weg besonders zum Ende hin steinig werden kann und überschattet ist. Doch die Ursache dafür ist nicht unser Kind, sondern unsere eigene Entscheidung. Deswegen dürfen wir auch nicht das Kind ermahnen oder drängen, sondern sollten geduldig die Konsequenzen unseres eigenen Handelns tragen.

Wann und wie kann man die Windel weglassen?

Diese Frage steht natürlich dennoch ab einem gewissen Alter im Raum, obwohl es mittlerweile Windelgrößen für Kinder gibt, die bis in die Schulzeit reichen. Und die einfache Antwort auf die Frage ist: Wenn das Kind bereit dazu ist, dann lasst doch einfach die Windel weg. Viele Kinder äußern von sich aus irgendwann den Wunsch: »Ich möchte die Windel nicht anziehen.« In diesem Moment sehen wir vielleicht unser Kind an und denken uns: *Ach nein, dafür ist es noch zu klein, das schafft es nicht, und ich bewahre es lieber vor unangenehmen Erfahrungen.* Es ist ehrenwert, dass wir unsere Kinder beschützen wollen. Doch wir müssen sie auch ernst nehmen und ihnen vertrauen. Gerade in den Situationen, in denen sie uns um etwas bitten, das sie sich selbst zutrauen, brauchen sie dies besonders. Unsere Aufgabe ist es, zu vertrauen und unsere Bedenken zur Seite zu schieben. Vielleicht klappt es nicht; dann sind wir da und begleiten sie liebevoll weiter. Aber vielleicht klappt es ja doch. Und das Kind hat aus eigenem Antrieb selbstwirksam einen neuen Meilenstein erreicht.

Hat das Kind den Wunsch, keine Windeln mehr zu benutzen, lassen wir sie also bewusst einmal weg. Zu Hause kann das Kind einfach nackt sein und den Gang auf das Töpfchen ausprobieren. Oder es nutzt Splitpants drinnen oder draußen und kann sich damit einfach hinhocken. Im Haus sollten wir dann die Umgebung passend vorbereiten, falls der Gang zur Toilette doch einmal zu lang wird – Teppiche und andere Auslegware können eine Weile zur Seite geräumt werden. Ein Töpfchen kann für den Anfang auch im Spielzimmer stehen, damit der Weg nicht zu lang wird. Praktisch ist es, wenn die windelfreie Probierphase in wärmeren Monaten stattfindet und sich das Kind auch draußen nackt oder mit geeigneter Kleidung ausprobieren kann. Hier ist es weniger unangenehm, wenn einmal etwas danebengeht.

Vielleicht kennen wir ja die Signale unseres Kindes schon ein wenig und können es sanft ermutigen, auf ein Töpfchen zu gehen, wenn wir merken, dass es besonders zappelig wird oder wir an der Mimik erkennen, dass es nun eigentlich in die Windel machen würde. Doch wir sind hier Begleiter, nicht Bestimmer. Wir sollten unser Kind nicht zwingen, sich auf die Toilette oder das Töpfchen zu setzen. Wir belohnen oder bestrafen nicht. Wir können es auf sein Körpergefühl hinweisen, sagen, was wir wahrnehmen: »Du hüpfst so von einem Bein auf das andere, kann es sein, dass du Pipi musst?«, »Du pupst gerade so viel, möchtest du vielleicht auf Toilette?«. Wenn wir den Kindern ein Feedback geben zu ihren eigenen Körpersignalen, kann es ihnen helfen, sie bei sich selbst zu erkennen und sie nach und nach selber interpretieren zu können. Wahrscheinlich wird es nicht von heute auf morgen klappen, dass sie von sich aus immer richtig auf das Töpfchen gehen. Aber sie können nach und nach zu ihrem Körpergefühl zurückkehren.

Sind die Kinder schon älter, also drei oder vier Jahre alt, sind sie oft so sehr an die Windel gewöhnt, dass es ihnen schwerfallen kann, einen anderen Ort zum Loslassen zu akzeptieren, insbesondere beim großen Geschäft. Hier kann das Kind schrittweise an eine Alternative zur Windel herangeführt werden, wenn es gar nicht ohne Windel geht, beispielsweise indem sich das Kind zunächst mit Windel auf das Töpfchen setzen kann.

Geht etwas daneben, macht sich das Kind nass, bleiben wir einfach entspannt. Es ist normal! Niemand lernt, auf seinen Körper zu hören, wenn er ausgeschimpft oder beleidigt wird. Wir Eltern sollten einfach nur da sein, wahrnehmen und begleiten. Und wir können die Freude unseres Kindes genießen, wenn es selbst diese Entwicklungsstufe hinter sich gebracht hat.

Zehn Anregungen für eine Kindheit ohne Windeln

◇ Das Kind gibt den Rhythmus und das Tempo vor, immer.
◇ Vertrau deinem Kind und seinen Wünschen.
◇ Das Kind muss jetzt nicht »sauber« oder »trocken« werden, sondern wieder ein Gespür für seine eigenen Körperausscheidungen bekommen.
◇ Wir Erwachsenen haben dem Kind das Ausscheiden in eine Windel »beigebracht«, weshalb wir auch geduldig mit unserer eigenen Entscheidung umgehen müssen – diese Denkweise macht einen entscheidenden Unterschied.
◇ Windeln sollten – selbst wenn es Wegwerfwindeln sind, die viel aufsaugen könnten – häufig gewechselt werden.
◇ Wegwerfwindeln produzieren sehr viel Müll und geben Kindern kein gutes Feedback dazu, dass sie ausgeschieden haben. Stoffwindeln und sogenannte Trainerhosen sind daher praktischer, wenn man Windeln verwenden will.
◇ Vorbilder sind wichtig: Kinder lernen von Vorbildern – auch die Toilettenbenutzung. Deswegen ist es gut, wenn Kinder ihre Bezugspersonen oder andere Kinder ab und zu auf die Toilette begleiten dürfen.

◇ Wenn das Kind den Wunsch äußert, lass die Windeln weg.

◇ Große Windelkinder sind manchmal so sehr an die Windel gewöhnt und daran, insbesondere die großen Ausscheidungen dort zu hinterlassen, dass eine Umstellung schwerer fällt und die Windel nicht gleich weggelassen werden kann. Hier sollte eine Abstufung stattfinden: erst mit Windel aufs Töpfchen, später mit geöffneter Windel, dann ohne Windel.

◇ Vertrau auch deinem Gefühl: Wenn du denkst, dass etwas nicht stimmt, oder das Kind noch mit fünf Jahren unbedingt eine Windel braucht, sprich mit der Kinderärztin darüber und lass eventuelle körperliche Ursachen abklären.

Ein Wort zu Schnuller und Daumen

Wie die Windeln gibt es noch einige andere Dinge, die wir an größeren Kindern oft nicht mehr sehen wollen, wie das Schnullern oder Daumenlutschen. Doch bei jeder Angewohnheit unseres Kindes, die wir als negativ empfinden, sollten wir nicht das Problem betrachten, sondern die Ursache: Warum und wann benutzt das Kind einen Schnuller oder nuckelt am Daumen? Wobei hilft dem Kind dieses Verhalten und wie können wir ihm diese Hilfe auf andere Weise geben?

Das Kind verursacht mit seinem Verhalten kein Problem, aber wir problematisieren es ab einem bestimmten Zeitpunkt. Wir alle wissen um die Auswirkungen von Schnullern oder Daumenlutschen auf den kindlichen Gaumen, und dennoch bieten wir unseren Kindern Schnuller oder Daumen zur Beruhigung an, anstatt andere Wege zur Selbstregulation einzuführen. Kinder nuckeln dann, wenn sie gestresst sind oder einschlafen wollen. Im Laufe der Monate oder Jahre haben sich unsere Kinder an das Mittel zur Beruhigung gewöhnt, das sie kennengelernt haben. Oft finden sie aber auch andere Beruhigungsstrategien im Laufe der Zeit, sodass Nuckel oder Daumen nicht mehr notwendig sind. Gibt es jedoch keine vom Kind ausgehende Alternative, dürfen wir Eltern eine Änderung nicht einfordern, sondern müssen sie aktiv begleiten und uns fragen: Was braucht unser Kind gerade und wie können wir ihm auf andere Weise geben, was es braucht? Braucht es Ruhe, will es schlafen, hat es Stress, will es kuscheln, ist es traurig …? Wenn wir unser Kind beobachten und seine Bedürfnisse beantworten, finden wir einen Weg, von den Hilfsmitteln wegzukommen, die wir als Eltern selber eingeführt haben.

Säule 4: Sprache und Kommunikation

Unsere Kinder kommunizieren von Anfang an mit uns. Sie teilen sich mit durch Gestik, Mimik, über Bewegungen und über Laute. Anfangs fällt es uns oft noch schwer, das Baby zu verstehen. Wir müssen uns erst auf die Ausdrucksweise, auf die Sprache des Kindes einstellen. Nach und nach wird es im ersten Jahr immer besser. Doch nicht nur wir verstehen unser Baby besser, es stellt sich ebenso auf uns ein. Es lernt uns kennen, reagiert auf unser Verhalten, ahmt uns nach und bildet schließlich die ersten Wörter. Kommunikation ist nicht einseitig. Wir bilden zusammen eine Familiensprache aus, an der alle Mitglieder der Familie beteiligt sind. Von Familie zu Familie kann diese Sprache ein wenig anders aussehen. Und auch wenn das Kind aktiv an der Ausbildung der Sprache beteiligt ist und seine Fähigkeiten einbringt, ist es natürlich geprägt durch die Vorbilder, die es erlebt. Wenn wir wünschen, dass sich unsere Kinder auf eine bestimmte Weise mitteilen, müssen wir ihnen diese Art vorleben.

Sich mit Worten mitteilen lernen

Nicht nur der Inhalt dessen, was wir zum Kind sagen, ist wichtig, sondern besonders auch der Umstand, dass wir überhaupt mit dem Kind reden. Solange die Kinder noch klein sind und kaum eigene Wörter produzieren, verleitet das Eltern manchmal dazu, wenig mit dem Kind zu sprechen oder nur in kurzen Sätzen. »Ja«, »Nein«, »Guck mal«, »Lass das«, »Nicht da« sind jedoch Aussagen mit wenigen Informationen und wenig Lernchancen für das Kind. Selbst wenn wir denken, dass unsere Kinder noch nicht den gesamten Inhalt unserer Äußerungen aufnehmen können, sollten wir ihnen doch das grammatikalisch richtige Vorbild liefern und in ganzen Sätzen mit ihnen sprechen und nicht ausschließlich in Imperativen. Generell hat die Natur es so eingerichtet, dass wir Erwachsenen mit Babys und Kindern auf eine bestimmte Art sprechen, die sich von der Art, wie wir mit Erwachsenen sprechen, unterscheidet. Und wir stimmen unsere Sprache sogar unbewusst auf das jeweilige Alter des Kindes ab, sodass sie für Babys noch einmal anders gestaltet ist als für Kleinkinder, damit diese aus unserem Sprachinhalt möglichst viel lernen und ihre eigene Sprache ausbauen können. Mit kleinen Kindern sprechen wir langsam, damit sie uns folgen können, und trennen die Wörter gut erkennbar voneinander. Wir sprechen in höherer Tonlage, wiederholen Inhalte und sind insgesamt weniger komplex in unserer Sprache.[21] All dies ist uns angeboren, es ist die natürliche Sprache, die wir an das Kind richten. Dieses natürliche Verhalten kann von unseren eigenen Erfahrungen und dem sozio-ökonomischen Status beeinflusst werden.[22]

Die Sprache spiegelt immer auch unseren Erziehungsstil wider und unsere Haltung zum Kind. Sprache ist Teil von Erziehung, und ihr kommt in jedem Moment des Zusammenseins eine besondere Bedeutung zu. Durch sie vermitteln wir unserem Kind Inhalte und Gefühle. Wir machen klar, in welcher Beziehung wir zum Angesprochenen stehen und welche Absicht wir mit einer Äußerung verfolgen. Mit jedem Wort und jedem Satz schwingt auch die Beziehung mit, die wir zueinander haben.

Gemeinsam die Vielfalt der Welt entdecken

Wichtig in der sprachlichen Interaktion mit unserem Kleinkind ist auch der gemeinsame Aufmerksamkeitsfokus, auch *joint attention* genannt: Beide Interaktionspartner können ihre Aufmerksamkeit auf das gleiche Ziel lenken. Um den ersten Geburtstag herum kann das Kind der Zeigegeste oder Blickrichtung der Bezugsperson folgen und dadurch das Gezeigte mit der Sprache verknüpfen. Die Inhalte der sprachlichen Interaktion ändern sich dadurch auch gemäß den Fähigkeiten des Kindes, und nach dem ersten Geburtstag, wenn das Kind zunehmend die Umgebung entdeckt, steht nicht mehr nur das Verhalten des Kindes oder seine Aktivität im Vordergrund, sondern durch den gemeinsamen Aufmerksamkeitsfokus immer mehr auch die Umwelt.[23]

Wenn wir dies in unsere alltägliche Sprache einbinden, können wir gemeinsam mit dem Kind die Vielfalt der Welt entdecken: »Da ist der grüne Ball.« »Schau mal da drüben, da steht ein rotes Haus.« Wir beginnen, mit unserem Kind gemeinsam die Welt zu entdecken. Und auch hier haben wir das unendliche Glück, dass die Interaktion von zwei Seiten ausgeht und nicht nur wir dem Kind die Welt zeigen, sondern dass das Kind auch uns die Welt aus seiner eigenen Perspektive zeigt und die Dinge so benennt, wie es selbst sie wahrnimmt. Als Eltern haben wir die Chance, die Welt ein Stück weit noch einmal durch Kinderaugen betrachten zu können und uns an dieser Sichtweise zu erfreuen.

In den ersten Lebensjahren sind Kinder oft wunderbare Schöpfer neuer Wörter, die uns zeigen, wie sie die Welt erleben und sehen. Ein Taschentuch kann ein Naseputz sein, ein

Nachthemd ein Schlafkleid. Eines Tages werden unsere Kinder nur noch die »richtigen« Wörter verwenden, und wir fragen uns, wann sie zuletzt das ein oder andere Wort gesagt haben, das uns so ans Herz gewachsen ist. Eine Liste mit all den Lieblingswörtern kann uns später daran erinnern, wie das Leben mit einem Kleinkind war. Doch sie vergeht so schnell, diese Zeit der besonderen Wörter – der Wortschöpfungen ebenso wie der nicht ganz richtig ausgesprochenen Wörter. »Gummelstiefel« ist eines der Kinderwörter, die sich ganz tief in mein Mutterherz eingeprägt haben.

Richtig sprechen lernen

Unsere Kinder lernen eine neue Sprache durch uns und ihre Umgebung. Sie lernen an jedem Tag, schauen sich Mundbewegungen an, hören genau zu. Sie lernen, weil sie lernen möchten, weil es ihr innerer Antrieb ist, weil es Freude bereitet, mehr und mehr von der Welt zu verstehen. Wir begleiten sie auf diesem Weg und stehen als Vorbild bereit.

Natürlich fällt es unseren Kindern an vielen Stellen noch schwer, die neuen Wörter richtig zu formen. Nicht alle Buchstaben lassen sich von Anfang an gleich gut im Mund bilden. Wenn die Wörter noch etwas holprig und unförmig über die Lippen kommen, hilft es den Kindern nicht, auf die Fehler hingewiesen zu werden. Das hemmt ihre Sprachproduktion eher, als sie zu fördern. Wenn wir hingegen das Kind seinen Satz beenden lassen und dann die fehlerhaften Wörter wiederholen und richtig vorsprechen, ohne es zu beschämen, können wir ihm gleichzeitig zeigen, dass wir zugehört haben (korrigierendes Feedback). Auf ein »Mama, ich will auch die Täsetuchen« antworten wir zum Beispiel nicht »Das heißt aber der Käsekuchen«, sondern »Ah, du möchtest auch ein Stückchen Käsekuchen«. Hilfreich ist es auch, wenn wir beim Sprechen nah an unseren Kindern sind und ihnen in die Augen sehen.

So kann das Kind die Mundbewegungen d[...]
gut sehen.

Schimpfworte

Doch oft genug im Elternleben sind wir nicht nur mit den schönen Wortneuschöpfungen oder mit kleinen Aussprachefehlern
beschäftigt. Je größer das Kind wird, je mehr Sprache es sich
aneignet, desto näher rücken auch die Schimpfworte. Wenn ein
Kind auf der Straße laut »Scheiße!« schreit, lässt uns das zu-
sammenzucken. Die Augen anderer Erwachsener richten sich
auf Kind und Eltern, und die große Angst steht im Raum: *Was
denken die anderen jetzt nur von uns und unserer Erziehung?* Aber
wie so oft sollten wir auch hier einmal die Perspektive ändern
und uns fragen, woher dieses Wort kommt und warum das
Kind es benutzt.

Natürlich sind wir Eltern Vorbilder, ebenso wie Geschwister,
Freunde, Bekannte, Verwandte. Worte werden an vielen Stellen aufgegriffen, insbesondere so emotionsgeladene. Es ist nicht
schlimm, dass unsere Kinder auch die Wörter benutzen, die in
ihrer Umgebung benutzt werden. Mit einem Schimpfwort, so
lernt das Kind, kann ein negativer Superlativ ausgedrückt werden: Das andere Kind ist nicht nur doof, sondern ein Scheiß-
mann; die Situation ist nicht nur blöd, sondern superkacke. Das
Kind sucht ein Wort, mit dem es all die Unzufriedenheit, all
das negative Empfinden im Inneren beschreiben kann. Es weiß,
dass es mit Wörtern ausdrücken kann, was es fühlt. Empfindungen sind nicht immer nur positiv, sondern es gibt auch Wut, Ärger, Misstrauen. Auch dafür braucht es Wörter. Auch dies muss
sprachlich ausgedrückt werden können.

Schimpfworte sind kein Ausdruck dafür, dass wir als Eltern
etwas falsch gemacht haben. Sie sind nur ein Beleg dafür, dass
unser Kind versucht, sich auszudrücken, und Gefühle in Wor[...]
fassen möchte. Wir können deswegen getrost entspannt d[...]

umgehen und ihm die Verwendung zugestehen. Natürlich sollten die Schimpfworte nicht überhandnehmen. Im Dialog mit unserem Kind können wir Wörter festlegen, die in unserer Familie genutzt werden dürfen, und solche, die vor der Tür warten müssen. Manche Wörter sind vielleicht an anderen Orten erlaubt und mit anderen Personen. Über die Wörter, die wir in unserer Familie und gegenüber ihren Mitgliedern nicht sprechen wollen, können wir mit dem Kind Vereinbarungen treffen und erklären, warum sie nicht benutzt werden sollen – und natürlich sollten wir Alternativen finden, um die Emotionen formulieren zu können.

Achtsam und wertschätzend kommunizieren

Richtig mit unseren Kindern zu sprechen, ist uns im Grunde von Natur aus mitgegeben. Wir müssen manche Aspekte jedoch immer wieder bewusst beachten und uns auf sie zurückbesinnen. Darunter fällt im Alltag ganz besonders das Ausredenlassen: Gerade am Anfang kann es Erwachsenen schwerfallen, das Kind ausreden zu lassen, wenn es noch lange nach Wörtern sucht und wir eigentlich schon wissen, was es sagen möchte. Doch jede Äußerung hat es verdient, mit Respekt behandelt zu werden. Wertschätzend gehen wir mit den Äußerungen unseres Kindes dann um, wenn wir sie so behandeln, wie auch unsere Äußerungen behandelt werden sollen. Wir hören zu, wir lassen aussprechen.

Ein Bitte, Danke oder eine Entschuldigung kann man nicht von seinem Gegenüber einfordern. Bitte und Danke sind Wör-
... unsere Kinder von uns aus unserem Sprachgebrauch
... Wie heißt das Zauberwort?« wird ein Kind
... us dem Inneren Dankbarkeit zu empfin-
... ern – es wird eher das Gegenteil hervor-
... ke« und »Bitte« zu einer leeren Worthülse
... ders ist es, wenn wir diese Wörter ehrlich

vorleben und auch das Bitten um Entschuldigung selbst anwenden.

Eltern sind nicht perfekt und müssen es auch nicht sein. Wir machen Fehler, haben einen schlechten Tag oder sind erschöpft. Wir machen Dinge falsch. Wenn wir dies bemerken, müssen wir uns nicht grämen und auch nicht versuchen, unsere Fehler zu vertuschen. Wir können authentisch sein – und um Entschuldigung bitten: dafür, dass es heute nicht so gut gelaufen ist, dass wir schlechte Laune hatten etc. Bei jeder Äußerung schwingt die Beziehung, die wir haben, mit. Das Kind um Entschuldigung zu bitten bedeutet auch, ihm auf Augenhöhe zu begegnen und seine Gefühle ernst zu nehmen.

Auch das »Nein« eines Kindes hat seine Berechtigung. Es muss uns und anderen nicht immer verzeihen. Das Nein ist ein Nein. Ein Nein beim Essen ist ein Nein. Ein Nein in Bezug auf die Person, die die Windeln wechseln darf, ist ein Nein. Wir können im Alltag mit unseren Kindern vielleicht nicht jedes Nein annehmen, aber wir können jedes hinterfragen und ergründen, warum unser Kind etwas nicht möchte. Und einige Neins sollten wir auch unabdingbar annehmen und nicht versuchen, sie zu hintergehen.

Beachtung schenken

Wenn wir unsere Kinder ausreden lassen, ist das ein wichtiges Signal an sie über die Art der Kommunikation, die wir uns wünschen. Kinder sind oft von ihren Eindrücken überwältigt und können ihre Bedürfnisse noch nicht lange aufschieben. Wenn sie etwas Interessantes mitteilen möchten, können sie oft nicht warten, sondern wollen es sogleich berichten. Je nach Temperament können sie sehr beharrlich die Aufmerksamkeit der Erwachsenen einfordern. Manchmal ist das im Alltag gar nicht so einfach, wenn wir gerade ein Telefongespräch führen wollen oder uns mit einem anderen Menschen unterhalten. Wie so oft im Leben mit unseren Kindern geht es auch hier – während eines Telefongesprächs oder einer Unterhaltung – um Ressourcen, und unsere Kinder wünschen sich, nicht benachteiligt zu werden in der Ressourcenverteilung. Aufmerksamkeit ist eine ganz besonders wichtige Ressource für die menschliche Entwicklung.

Wenn unsere Kinder ihre Bedürfnisse nach Mitteilung nicht aufschieben können oder wollen, während wir selbst im Gespräch sind, hilft es ihnen oftmals, dass wir uns ihnen kurz zuwenden und bekunden, dass wir sie gehört haben und ihnen bald antworten. Das kann durch eine kurze Unterbrechung des Gespräches sein, aber auch durch eine Berührung an der Schulter, das Halten der Hand oder einen Blickkontakt. Sie müssen spüren, dass wir sie hören und auf ihre Bedürfnisse reagieren – auch wenn diese etwas aufgeschoben werden müssen.

Die innere Stimme von morgen

Unsere gemeinsame Sprache spiegelt unsere Beziehung wider. Die Sätze, die wir mit unseren Kindern sprechen, verinnerlichen sie. Mit unseren Worten bestimmen wir, wie sie die Welt sehen, wie sie sich darin bewegen, und wir geben ihnen mit unseren Sätzen heute ihre innere Stimme von morgen mit. Die Sätze unserer Eltern sind es, die immer wieder in uns arbeiten, die im Umgang mit unseren eigenen Kindern aus der Vergangenheit hochgeschwemmt werden. In diesen Momenten sehen wir, wie wichtig das gesprochene Wort ist. Es bestimmt, wie unsere Kinder sich wahrnehmen. Wenn wir ihnen jeden Tag positive Worte mit auf den Weg geben, werden diese positiven Worte zu einem Teil ihrer Kindheit, ihres Wesens. Sie gehören zu ihnen und geben ihnen Kraft für ihr Leben.

Diskussionen und Entscheidungen

Mit der Art unserer Kommunikation bestimmen wir auch die Art von Diskursfähigkeit: Wertschätzen wir den anderen Menschen, lassen wir ihn aussprechen und respektieren wir seine Einwände? Je größer die Kinder werden, desto mehr können wir mit ihnen diskutieren, Argumente des anderen abschätzen und unsere Handlungen neu ausrichten. Immer ist es im Alltag nicht möglich, alles auszuhandeln, und je kleiner das Kind ist, desto verwirrender kann es für das Kind auch sein, wenn es ständig die Verantwortung für Entscheidungen erhält. Besonders ungünstig ist es, wenn wir nur scheinbar eine freie Entscheidung vorgeben, in Wirklichkeit aber ein festgelegtes Ziel verfolgen:

»Was willst du essen?«

»Eis!«

»Nein, ich meine ein warmes Essen.«

»Pommes.«

»Nein, ich meine ein gesundes Essen.«

Wenn wir unseren Kindern eine freie Entscheidung ermöglichen wollen, dürfen wir vorher auch nicht die Auswahl beschränken. Wenn wir jedoch ein bestimmtes Ziel verfolgen, sollten wir es klar formulieren oder dem Kind die Wahl geben zwischen zwei für uns mögliche Alternativen.

Zehn Anregungen für die Kommunikation mit Kindern

◇ Wir sind Vorbild der Sprachentwicklung, daher sollten wir mit unseren Kindern so reden, wie wir wünschen, dass auch sie mit uns sprechen.

◇ Imperative wie »Mach das!«, »Lass das!« vermeiden, stattdessen in ganzen Sätzen sprechen.

◇ Im Gespräch wirklich anwesend sein und nicht abgelenkt, vor allem wenn uns das Kind nach einem Kindergarten- oder Schultag etwas aus dem Alltag berichten möchte.

◇ Kommunikation erfolgt immer besser aus der Nähe. So kann das Kind auch die Mimik erkennen und deutlich die Gesprächsinhalte verstehen. Durch-den-Raum-Rufen sollte vermieden werden.

◇ Respekt gegenüber den kindlichen Äußerungen mitzubringen bedeutet: dem Kind zuhören, das Kind ausreden lassen, sich die Welt auch mal vom Kind erklären lassen und seine Perspektive einnehmen.

◇ Vorbild sein beim Danken, Bitten und Entschuldigen.

◇ Wenn das Kind einen sprachlichen Fehler macht, sollte es deswegen nicht beschämt werden. Besser ist es, den Inhalt richtig zu wiederholen (korrigierendes Feedback).

◇ Schimpfwörter sind Ausdruck des maximal negativen Empfindens und brauchen einen Raum in der kindlichen Entwicklung.

◇ Was wir heute zu unseren Kindern sagen, wird morgen ihre innere Stimme und bestimmt ihre Wahrnehmung.

◇ Den Tag mit guten Worten beenden: Was war heute das Schönste an deinem Tag?

Säule 5: Lernen im Spiel

Im ersten Jahr treffen sich Eltern manchmal in Eltern- und -kursen. Babys lernen sich kennen, machen erste Erfahrungen miteinander. Doch sie spielen anfangs nur nebeneinander, noch nicht miteinander – das kommt erst später.

Wie bei allen Bereichen hat auch diese langsame Entwicklung des Spielens ihren ganz besonderen Sinn: Durch das Spiel eignet sich das Kind die Welt an und all die Dinge, die es darin zu entdecken gibt. Zunächst entdeckt das Baby sich selbst, seinen Körper, und spielt mit Händen und Füßen und der eigenen Beweglichkeit. Dadurch bildet es weitere Fähigkeiten aus, die auch für andere Bereiche der Entwicklung wichtig sind wie Grob- und Feinmotorik und die Fortbewegung. Hat es sich und seinen Körper kennengelernt und das Greifen erlernt, spielt es mit den Dingen der Umwelt und erfährt etwas über die unterschiedliche Beschaffenheit der Dinge. Es erfährt, wie unterschiedlich sich Materialien anfühlen, und macht Erfahrungen damit. Hat es erfahren, wozu die Dinge in seiner Umgebung da sind, beginnt es, mit ihnen Spielhandlungen durchzuführen, die es aus der Umgebung kennt: Es spielt mit den Dingen nach, wozu sie eigentlich da sind. In der Puppenküche wird Essen gekocht, aus der Puppentasse wird getrunken. Nach und nach erfindet die Fantasie neue Situationen, das Spiel wird abstrakter, und es werden schließlich auch andere Kinder und Erwachsene aktiv mit einbezogen.

Spielen ist eine der wichtigsten Tätigkeiten des Kindes und bleibt es viele Jahre lang. Spielerisch eignet es sich die Welt an, spielerisch soll auch eigentlich später in der Schule gelernt werden. Spiel bedeutet in der Kleinkindzeit jedoch ebenso die Auseinandersetzung mit anderen Menschen, besonders mit Kindern. Im Spiel werden Alltagssituationen erprobt, es geht um Rollen, um Besitz, um Vorbildcharakter. Es geht um Auseinandersetzung, um soziales Verhalten zu lernen und zu erfahren. All das ist Spiel.

Freiraum für Erfahrungen

Zu oft greifen wir Eltern in das Spiel der Kinder ein, weil wir denken, das Spiel laufe nun gerade nicht richtig. Wir betrachten das Spiel aus unserer Erwachsenenperspektive. Wir wollen vorgeben, was gespielt wird, wie und womit. »Also das spielt man nicht!«, kommt vielleicht aus unserem Mund, wenn das Kind mit Waffen »schießen« spielt. Vielleicht auch, weil wir uns vor anderen peinlich berührt oder in unserer Erziehungskompetenz infrage gestellt fühlen. Doch sinnvoller als ein bloßes Verbot ist es, das Spiel des Kindes als Gesprächsanlass zu nehmen – nach dem Spiel. Als Menschen, die schon (fast) alles über das Zusammensein gelernt haben, die die Entwicklung des Spielens schon durchlaufen haben, fühlen wir uns nicht mehr ein in das Kind, das uns gegenübersteht und noch vieles lernen kann und möchte. Wir sehen einen Konflikt zwischen Kindern und sind geneigt, ihn beizulegen, denn so reagieren Erwachsene auf Konflikte. Doch Kinder lernen aus Konflikten: Sie lernen, wie sie verhandeln können, sie lernen Sprache und den Umgang mit ihren Gefühlen. Sie lernen, eigene Lösungen zu finden, oder auch, einfach gehen zu können.

Wenn wir in alle Konflikte aus unserer überlegenen, durchdachten Position eingreifen, nehmen wir den Kindern diese Lernchancen. Wir nehmen ihnen die Fähigkeit, selbst wirksam zu sein. Im Spiel – gerade im abstrakten Spiel der größeren Kinder – werden die wichtigen Themen des Lebens behandelt. Im Schonraum des Spiels, in dem es immer ein Zurück gibt, wird mit den Themen Geschwisterwerden, Elternschaft und Tod umgegangen. Hier haben Kinder den Raum, Situationen nachzuspielen, die sie noch einmal bewältigen wollen, oder zu erproben und hineinzuspüren, wie sich Dinge anfühlen könnten.

»Spielen heißt Freude, Geborgenheit, Zuwendung und Lernhilfe. Spielen bedeutet zunächst einmal erforschen, untersuchen, die Welt mit allen fünf Sinnen erfassen. Spiel ist Abenteuer, Glück und Unglück. Bewegungsfreude gehört genauso dazu wie Ausdauer, Sprache und Fantasie. Zudem trainieren Kinder dabei alle Muskeln von Kopf bis Fuß«[24], schreibt Susanne Stöcklin-Meier über das Spiel. Es ist nie nur »Zeitvertreib«.

Zeit zum Spielen

Kinder können im Spiel in einen Flow-Zustand kommen, in dem sie tief in ihrem Tun versinken und ganz in ihrer Beschäftigung aufgehen. Wir Erwachsenen merken das dann, wenn sie kaum ansprechbar oder schwer zu lösen sind von ihrer Aktivität. In diesem Zustand lernen sie. Es ist wichtig, dass wir ihnen den Raum hierfür geben. Wenn der Alltag nur aus kleinen Zeitfenstern besteht, wenn wir mit unseren Kindern von Termin zu Termin hetzen, haben sie nicht die Zeit, um wirklich tief zu versinken. Wir berauben sie dann ihrer Lernmöglichkeiten im Spiel dadurch, dass wir ihnen viel anbieten wollen. Doch Kinder brauchen Zeit. Sie brauchen die Möglichkeit, sich selbst die Zeit einzuteilen und auch einfach das Zeitgefühl zu verlieren. Natürlich haben wir Termine, sind mit den Kindern an Kindergarten oder Schule gebunden, an Arzttermine oder Verabredungen. Doch neben den festen Zeiten sollten wir unverplante Freiräume ermöglichen. Zeit, die einfach da ist und nach Bedarf genutzt werden kann. Darin können sich dann neue Spiele entfalten und neue Aktivitäten. Wenn wir die »Frei«-zeit unserer Kinder zu sehr strukturieren, nehmen wir ihnen den kreativen Raum der Gestaltung und gleichzeitig den Raum, in ihrem eigenen Tempo und ihren eigenen Interessen gemäß zu lernen. Kinder entwickeln sich von selbst und von innen heraus nach ihren Bedürfnissen, und diese bilden sie im Spiel ab. Wenn wir unsere Kinder wirklich fördern wollen, dann müssen wir sie einfach nach ihrem Bedarf spielen lassen.

Zeit für Langeweile

Wenn wir ihnen Freiraum geben, haben sie darin auch Zeiten der Ruhe und der Langeweile. Und genau diese Zeiten brauchen sie. Spiel und Lernen besteht aus einem Gleichgewicht zwischen Anregung und Entspannung. Phasen der Langeweile sind für das Kind wichtig, um sich zu entspannen und neue Ideen zu erschaffen und wieder von sich aus tief in das Spiel einzutauchen.

Wenn das Kind zu uns kommt und sagt: »Mir ist langweilig!«, sind wir Eltern oft zu einem schnellen Aktionismus verleitet: Das Kind soll sich bloß nicht langweilen! Wir schlagen Dinge vor, um es abzulenken und wieder in das Spiel zu führen. Doch oft bringen die Vorschläge von Erwachsenen nicht das gewünschte Ergebnis, weil es eben die Ideen eines anderen, erwachsenen Menschen sind und sie nicht dem Inneren und dem Bedarf des Kindes entspringen. Manchmal kann man dem Kind die Richtung weisen oder es einfach bei der eigenen Aktivität zusehen lassen, wodurch es sich auch die Inspiration für ein Spiel holen oder wobei es vielleicht sogar mitmachen kann. Aber als Erwachsene müssen wir unsere Kinder in Phasen der Langeweile nicht bespaßen oder bespielen. Dies nimmt uns oft die Freude und dem Kind die Möglichkeit der Selbstwirksamkeit.

Langeweile ist auch kein Zeichen dafür, dass wir als Eltern etwas falsch gemacht hätten oder unseren Kindern nicht genug Spielzeug zur Verfügung stellen würden. Manchmal kommt sie gerade dann auf, wenn Kinder besonders viele Spielsachen haben und sich nicht entscheiden können.

Zeug zum Spielen

Spielzeug beeinflusst das Spiel unserer Kinder und ihre Entwicklung auf vielen Ebenen. Es ist nie einfach nur ein Ding zum Spielen, so wie Spiel nicht einfach nur Zeitvertreib ist. Es lohnt sich deswegen, die Dinge, die wir unseren Kindern zum Spiel zur Verfügung stellen, genau zu betrachten.

Manche Spielsachen erlauben nur begrenzte Handlungsmöglichkeiten. Sie sind so gefertigt, dass damit nur bestimmte Spiele oder Tätigkeiten durchgeführt werden können – wie Puppen aus Hartplastik, die in ihrer Beweglichkeit eingeschränkt sind. Andere Spielsachen sind so gestaltet, dass sie die Nutzung direkt vorgeben und wenig Platz lassen für die kindliche Fantasie, beispielsweise wenn sie sehr detailverliebt gestaltet sind. Je spezialisierter ein Gegenstand ist, desto weniger lädt er dazu ein, ihn für eine andere Sache zu nutzen als für die ursprünglich vorgesehene.

Spielsachen, die in Form und Funktion wenig einschränken, können hingegen zu einer Vielzahl von Dingen werden: Ein Holzklotz wird ein Auto, ein Telefon, ein Buch, ein Bügeleisen oder eben ein Baustein. Auch wenn wir Erwachsenen heute im Spielwarenhandel verleitet werden, hoch spezialisiertes Spielzeug für unsere Kinder zu kaufen und Kaufmannsläden mit naturgetreuen Miniaturlebensmitteln zu befüllen, ist dies nicht das, was unsere Kinder unbedingt brauchen. Spielzeug muss nämlich für Kinder in erster Linie Zeug zum Spielen sein. Ihre Fantasie, ihr Flow-Gefühl beflügelt sie, es so zu nutzen, wie sie es gerade gebrauchen können.

Wir können uns deswegen auch hier einfach zurücklehnen und unseren Kindern vertrauen: Sie suchen sich das Spielmaterial, das sie für ihr Spiel benötigen. Vielleicht dürfen sie auch auf Materialien und Gegenstände aus dem Alltag zurückgreifen. Oder sie können sich aus Pappe, Papier, Stoff, Wolle etc. einfach Dinge selber herstellen, die sie für ihr Spiel brauchen:

Geldscheine können schnell gemalt und ausgeschnitten werden, ein zusammengefaltetes und bemaltes Blatt wird zum Laptop, eine Wollschnur wird zum Zügel. Wenn wir unseren Kindern die Möglichkeit geben, selbst kreativ zu sein, können sie ihre ganze Fantasie entfalten – nicht nur im Spiel, sondern auch in der Herstellung ihrer Spielsachen. Alles kann alles sein!

Ein Spielzeug ist also dann ein gutes Spielzeug, wenn es dem Kind viele Möglichkeiten lässt. Natürlich gibt es auch innig geliebte Spielsachen, die diese Kriterien nicht erfüllen. Doch die Richtschnur für eine Ausgestaltung der Spielbereiche des Kindes sollte für uns sein, ihm nicht zu viel vorzugeben, sondern ein immer wieder neues Spiel zu ermöglichen mit den Dingen, die eben gerade benötigt werden. Kinder brauchen eher Abenteuerbastelräume als Spielzeugladenschaufensterzimmer.

Computerspiele

Heute gibt es nicht nur zahlreiche hoch spezialisierte Spielsachen für das Kinderzimmer, sondern längst haben auch Apps auf dem Handy oder Tablet oder Computerspiele in das Kinderleben Einzug gehalten. Wie wir Erwachsenen im Alltag diese Geräte benutzen, nehmen sich Kinder als Vorbild und wollen die Technik selbst ausprobieren.

Viel wird darüber diskutiert, ob diese modernen Medien einen schlechten oder guten Einfluss auf die kindliche Entwicklung haben oder ob die Dosis es ist, die den Ausschlag gibt. Das Bundesministerium für Familie, Senioren, Frauen und Jugend empfiehlt im »Familienwegweiser«, dass Kinder von vier bis sechs Jahren täglich höchstens 20 bis 30 Minuten am Computer spielen sollten und nur in elterlicher Begleitung und Kinder von sieben bis zehn Jahren nicht länger als 45 Minuten.

Wenn wir Programme wie anderes Spielzeug betrachten, ergibt sich auch ein natürlicher Umgang damit. Beurteilen wir also ein Computerspiel einfach anhand derselben Kriterien, die wir für ein gutes Spielzeug aufstellen: Es muss einen kreativen Umgang erlauben und darf nicht zu einschränkend sein und das Kind nur bespielen. Es soll herausfordern und viele Möglichkeiten zulassen. Eine exakte zeitliche Einschränkung ist nicht immer sinnvoll. Vielmehr sollten wir die Fortschritte des Kindes betrachten, ob es in einem Spiel ein gewisses Ziel abschließen kann oder natürlich ein Bild auch dann zu Ende gestalten kann, wenn die »erlaubten« 20 Minuten schon vorbei sind. Die Tätigkeit und das Produkt stehen im Vordergrund – wie bei anderen Spielen auch.

Es gibt viele schöne Programme, die unser Angebot des Spiels erweitern können – gerade auch für Vorschul- und Schulkinder. Auf Papier gemalte Bilder können eingescannt, ausgedruckt oder am Computer weiterbearbeitet werden. Fotos können umgestaltet werden, oder das Kind kann spielerisch mit Buchstaben und Zahlen umgehen.

Computerspiele sollten aber in der frühen Kindheit kein Ersatz für andere Spielmaterialien sein. Sie sollten nicht dazu dienen, Kinder ruhigzustellen oder sie abzuschieben. Aber sie können eine Ergänzung und Erweiterung des Angebots sein. Und als solche sollten wir Eltern sie auch ohne schlechtes Gewissen mit unseren Kindern benutzen können.

Müssen wir immer mitspielen?

Kommen die Kinder im alltäglichen Spiel in den Flow-Zustand und können sich selbst erproben, sind wir Erwachsenen auch weniger gefordert mitzuspielen. Denn wenn wir ehrlich sind, bereitet es nur den wenigsten Eltern Freude, den Tag in der Puppenküche zu verbringen. Wir sind erwachsen, wir denken erwachsen und können mit unserem Spiel nicht das Spiel gleichaltriger Kinder nachahmen. Natürlich interagieren Kinder am besten mit Personen aus allen Altersbereichen – sie können mit Großeltern, Eltern, Geschwistern und Kindern unterschiedlichen Alters spielen. Doch je weiter die Personen in ihrer Entwicklung auseinanderliegen, desto schwerer ist es, ein langes und gleichberechtigtes Spiel zu spielen. Wir merken das auch daran, wenn unsere Kinder uns immer wieder im Spiel korrigieren: »Nein, doch nicht so!«

Es ist nicht schlimm, wenn wir nicht immer gut und lang und ausdauernd mit unseren Kindern spielen können. Und als Eltern müssen wir das auch gar nicht. Es ist in Ordnung, wenn wir einfach nicht gerne Autos hin- und herschieben oder Flugzeuge bauen. Vielleicht »spielen« die Kinder dann lieber bei unseren Alltagsaktivitäten mit, putzen das Bad mit uns, kochen mit Essen – schließlich kann auch das alles Spiel sein. Und wir als Eltern müssen erkennen, was wir nicht gerne mögen, und entsprechende Alternativen anbieten, beispielsweise indem wir uns mit anderen Eltern und Kindern treffen und so jeder Gesprächs- und Spielpartner auf Augenhöhe hat.

Spielsachen teilen

Unser erwachsenes Denken ist es auch, das das Teilen von Spielsachen einfordert, wenn sich Kinder darum streiten. Die geliebten Spielsachen werden auf den Spielplatz mitgenommen und finden dort das Interesse anderer Kinder. Als Erwachsene wissen wir: Wenn man etwas ausleiht, bekommt man es auch zurück. Das Ding ist nicht aus der Welt, und das andere Kind wird damit nicht wegrennen.

Doch aus Sicht des Kindes sieht die Situation vielleicht anders aus. Aus Sicht des Kindes ist es vielleicht noch schwer, sich in ein anderes Kind hineinzuversetzen. Es versteht nicht, dass das andere Kind die Schaufel vielleicht nur kurz ausleihen möchte. Es weiß nichts von der Absicht des Gegenübers. Es sieht sein Spielzeug, das es liebt, und möchte es nicht teilen. Schließlich ist es sein eigenes Spielzeug, vielleicht noch emotional besonders besetzt!

Wir Eltern sind es oft, die das Teilen
dem Kind doch mal kurz dein Förmche
»kurz« für das Kind? Besser ist es, wen
klären, dass es dem anderen Kind ein
Spielzug nur ausleiht, also zurückbekomm
Situation erklären, wenn wir beteiligt sind. Doch was wi
tun sollten, ist, das Spielzeug des Kindes gegen dessen Willen
zu verleihen. Dieser Machtakt würde dem Kind nicht zeigen,
dass Teilen gut und Teil unserer Gesellschaft ist. Er würde vielmehr das Kind beschämen und herabsetzen und seine eigenen
Bedürfnisse übergehen. Besser ist es, gemeinsam mit dem Kind
von Anfang an Regeln zu vereinbaren wie: Zum Spielplatz werden Sachen mitgenommen, die auch andere Kinder anfassen
dürfen. Wenn Besuch kommt, werden die Dinge, die nicht von
anderen benutzt werden sollen, weggeräumt. Und das Nein des
Kindes ist immer ein Nein.

◇ ◇ ◇ ◇ ◇ ◇ ◇

Zehn Anregungen für das kindliche Spiel

◇ Spiel ist niemals nur ein Zeitvertreib, sondern immer
auch ein Lernen und Erfahren.
◇ Kinder brauchen Zeit für das Spiel und die Möglichkeit,
die Zeit dabei zu vergessen.
◇ Wir Erwachsenen können uns nur schwer in das Spiel
des Kindes hineinversetzen und sollten es deswegen nicht zu sehr bewerten: Wenn das Kind etwas Bestimmtes spielen möchte, kann das gerade ein Thema
oder eine Entwicklungsaufgabe sein, mit der es sich
beschäftigt. Wir sollten uns nicht fragen, ob ein Kind
etwas spielen sollte, sondern, warum es gerade das
spielen mag.
◇ Langeweile ist wichtig und tut Kindern gut. Als Eltern

müssen wir es aushalten, Kindern nicht einfach ein Spiel vorzusetzen, sondern sie sich langweilen zu lassen, bis sie selber wieder ein Spiel gefunden haben.

◇ Eltern müssen nicht unbedingt mit ihren Kindern spielen. Wenn wir es nicht tun, sollten wir jedoch Alternativen zum Spiel des Kindes anbieten.

◇ Aus der Beobachtung des kindlichen Spiels können wir viel über unsere Kinder lernen. Solange sie es zulassen, sollten wir uns regelmäßig Zeit dafür nehmen.

◇ Spielzeug muss Kindern die Möglichkeit geben, vielfache Erfahrungen damit zu machen, und sollte nicht die Fantasie einschränken.

◇ Auch die Verwendung von Medien – wie Spiele auf dem Handy und Tablet – sind okay, wenn wir uns an Alters- und Zeitempfehlungen halten und Qualitätskriterien für die Spiele aufstellen. So können sie zu einer kreativen Bereicherung werden.

◇ Weniger Spielzeug ist mehr, denn das beflügelt die Fantasie und lädt zur Gestaltung eigener Spielmaterialien ein.

◇ Spielsachen des Kindes sollten nicht gegen seinen Willen verliehen werden.

Säule 6: Motorische Fähigkeiten

Wenn die Kinder erst einmal richtig in Bewegung gekommen sind, sollte das von uns nicht beeinträchtigt werden. Im Alter von zwei oder drei Jahren haben so manche Eltern das Gefühl, dass das Kind keine andere Fortbewegungsart kennt als das Rennen. Bewegung und Spiel sind eng miteinander verknüpft, denn in der Bewegung erfahren Kinder spielerisch ihren Körper und machen Erfahrungen mit der Umwelt. Sie haben nun gelernt, aufrecht zu gehen, und wollen ausloten, was sie alles damit anfangen können: Sie gehen in die Höhe, in die Tiefe, sie rennen und balancieren und springen umher. Sie haben gelernt, was ihr Körper ist und wie er sich anfühlt, und erproben nun, wofür sie ihn alles nutzen können.

»Es ist nicht nur wichtig, dass ein Kind diese oder jene Entwicklungsphase erreicht, sondern ebenso wichtig für seine Entwicklung ist, dass es selbstständig, mit seiner aktiven Mitwirkung zu den einzelnen Stufen seiner Entwicklung gelangt. Jeder Schritt, den das Kind selbstständig macht, erleichtert den nächsten«[25], schreibt die Kinderärztin Emmi Pikler über die kindliche Entwicklung.

Feinmotorik für kleine Hände

Feinmotorisch werden sie immer geschickter. So werden zum Beispiel die anfangs noch ungelenken und großen Bewegungen mit Wachsmalblöcken auf Papier immer feiner und differenzierter, bis zum Ende der Kleinkindzeit die ersten Figuren erkennbar werden und die Bewegungen immer fließender werden. Vor dem Schulbeginn sind sie schließlich ausgereift genug, um damit Schriftzeichen aufs Papier zu bringen und es können auch dünnere Stifte gut gehalten und benutzt werden. Kleine Hände erproben sich auch im Drehen, Zuknöpfen, im Öffnen und Schließen von Reißverschlüssen und schließlich im Binden von Schleifen. All dies lernen sie nicht, weil sie es müssen, sondern weil sie es im Alltag ausprobieren möchten.

Geben wir ihnen hier die Möglichkeit, sich selbst zu erproben und ihren Bedürfnissen nachzukommen, wird die Entwicklung auf natürliche Art unterstützt – und wir können damit manchmal sogar eine Auseinandersetzung wegen eines »Ich will aber allein …« umschiffen. Kleinkinder und Vorschulkinder brauchen vor allem eins: eine Umgebung, in der sie sich ausprobieren können und die ihrer Entwicklung entspricht – und diese benötigen sie drinnen und draußen.

Grobmotorik – und das Thema Lärm

Kinder sind nicht leise. Kinderbewegungen sind nicht leise, kleine Füße stehen nicht still, sie tanzen und springen. Es dauert noch einige Jahre, bis die Kinder wieder leise laufen und nicht ständig durch die Wohnung rennen und hüpfen. Und auch wenn wir viel Zeit mit unseren Kindern außerhalb der Wohnung verbringen, ist diese ein wesentlicher Bestandteil der Kindheit. Leider sind die Kinderbedürfnisse heute in einer Zeit, in der Familienleben eher abseits stattfindet, nicht mehr allen Menschen verständlich, und es kann wegen der Lautstärke schnell zu Konflikten mit Nachbarn kommen.

Es ist uns als Eltern unangenehm, dass wir auf den Krach hingewiesen werden, und oft ist der erste Impuls, daran etwas verändern zu wollen. Doch Kinder sind Kinder. Sie sind nicht leise, und wir erschweren uns den Alltag, wenn wir von ihnen ein Verhalten einfordern, das sie von ihrer Entwicklung her nicht leisten können. Denn wenn wir versuchen, ihre Bedürfnisse nach Bewegung und Exploration zu unterdrücken, stressen wir uns selbst nur mit glücklosen Versuchen wie: »Bitte lauf leise!«, »Sing nicht so laut!« oder »Du darfst in der Wohnung nicht hüpfen!«. Besser, als gegen die kindlichen Bedürfnisse zu

arbeiten, ist es, die erwachsenen Bedürfnisse und Rahmenbedingungen anzupassen.

In der Wohnung können vielleicht Orte geschaffen werden,
in denen das Toben und Trampeln besonders erlaubt ist, weil
sie mit weichen Matten ausgelegt sind. Auf »Rennstrecken« in
der Wohnung können Teppiche ausgelegt werden, und es kann
ruhigere und lautere Räume geben, um die Nachbarn vor den
Geräuschen etwas zu schützen.

Wenn wir unsere eigenen Räume an das Kind angepasst haben, können wir die Nachbarn darüber aufklären: »Liebe Nachbarn, wir haben Kinder. Wir haben extra Orte, an denen sie sich
austoben können, und Regeln für den Lärm in unserer Wohnung. Aber Kinder sind Kinder, und wenn trotz unserer Be-
mühungen laute Geräusche manchmal nicht vermeidbar sind,
bitten wir um Ihr Verständnis.« Denn ein Zusammenleben bedeutet immer, dass man Kompromisse findet und sich einander
von mehreren Seiten annähert. Und unsere Kinder sind dabei
diejenigen, die am wenigsten Verhandlungsspielraum haben,
was ihre entwicklungsbedingten Anforderungen angeht.

Raum fürs Selbermachen

Neben den grobmotorischen Bedürfnissen gibt es ein weiteres
Bedürfnis, auf das wir den Blick in der Wohnung richten sollten,
und dieses heißt in der Kleinkind- und Vorschulzeit vor allem:
selber machen! Kinder sind nun in ihrer Entwicklung so weit
ausgereift, dass die einzelnen Fertigkeiten verfeinert werden.
Das ist aber nur durch Übung möglich, und genau diese fordern
die Kinder beständig von uns ein: Sie wollen in der Küche mithelfen, sich selbst waschen und anziehen, Dinge aus dem Regal
holen und Schuhe und Jacken zumachen.

Manchmal fällt es uns Erwachsenen schwer, dieses Größer-
werden so anzunehmen, und wir verlieren den Blick dafür, was
unsere Kinder wirklich alles schon können. Doch ihre Forde-

rungen geben uns ganz klar eine Richtschnur für das, was wir zulassen können und sollten. Und genau dies sollte in der Gestaltung der Räume berücksichtigt werden.

Im Bad sollten wir ihnen die Möglichkeit geben, sich selbst zu waschen. Ist es noch zu gefährlich für sie, auf einen Stuhl am Waschbecken zu klettern, kann man eine kleine Waschschüssel für das Kind auf einen Hocker stellen. Waschlappen, Seife und Handtuch auf Kinderhöhe ermöglichen es dem Kind, selbst tätig zu werden.

Auch die Garderobe im Flur sollte genau diese Aspekte berücksichtigen, sodass Kinder sich selbst an- und ausziehen können und ganz nebenher lernen, wie Knöpfe geschlossen und Schleifen gebunden werden.

Feinmotorisches Üben passiert im Alltag – oft ohne uns so richtig bewusst zu sein. Wenn wir unseren Kindern die Möglichkeit geben, hier ganz selbstverständlich mitzumachen, müssen wir diese Dinge nicht speziell mit ihnen üben. Sie ergeben sich aus der alltäglichen Aktivität heraus.

Auch in der Küche kann es mithilfe von Stühlen oder einem eigenen kleinen Arbeitsbereich an der täglichen Zubereitung des Essens teilhaben. Schneiden will gelernt sein, und spezielle Kindermesser mit Fingerschutz ermöglichen dies.

Eigener Bastelbereich

Durch Malen und Basteln verfeinern Kinder ihre Motorik noch weiter, weshalb es gut ist, ihnen dies jederzeit zu ermöglichen, und zwar durch einen festen Bastelbereich, in dem je nach Alter die passenden Materialien frei verfügbar sind: verschiedene Stifte, Papiere, Scheren, Kleber, Sticker, bei größeren Kindern Wasserfarben, Stempel und Stempelkissen. Gelegentlich kannst du diese Dinge auch austauschen, und es kommen Perlen zum Auffädeln hinzu (es gibt auch besonders große für Kinder unter drei Jahren), Bügelperlen zum Legen von Mustern, Bilder zum Prickeln, oder du bietest einmal Kerzenziehen oder Filzen an.

All diese Dinge ermöglichen es Kindern auf einfache Weise, ihre Feinmotorik zu schulen. Dabei steht die Freude am Tun oft im Vordergrund, und erst in späteren Jahren bekommt das Aussehen eine besondere Bedeutung. Kleinkinder erfreuen sich auch daran, aus Prospekten Bilder ausschneiden zu können und unterschiedliche Papp- und Papierreste aus dem Haushalt zerkleinern zu dürfen. In einer großen Kiste kann gesammelt werden, was zum Schneiden, Kleben und Experimentieren im Alltag so abfällt.

In der Natur spielen!

Doch wir sollten nicht nur den Raum im Haus betrachten, sondern vor allem den Raum draußen. In vieler Hinsicht kann der Bewegungsraum drinnen nur ein vages Abbild dessen bieten, was Kinder außerhalb des Hauses erfahren können und sollten: Auch hier wird nämlich im Spiel Grob- und Feinmotorik geschult – ganz ohne Begrenzung und Gedanken an die Nachbarn. Es wird auf Bäume geklettert, über umgefallene Bäume balanciert und gesprungen. Es kann gerannt werden, solange das Kind möchte. Es werden Sachen von Bäumen und Sträuchern gezupft, Blätter befühlt, und mit den Fundstücken wird zu Hause noch weitergespielt.

Die Natur ist reich an Spielzeug für unsere Kinder, das uns nichts kostet und mindestens ebenso anregend ist wie jedes schön ausgestattete Kinderzimmer. Vielleicht sogar anregender, denn das Spielmaterial der Natur ist offen für die Fantasie der Kinder: Eine Kastanie kann Kartoffel oder Apfel sein, eine Seife oder ein Brötchen – oder eben einfach eine Kastanie, aus der ein Kastanienmännchen gebaut wird.

Manchmal müssen wir Eltern uns überwinden, um die Natur als Spielraum in Betracht zu ziehen, weil wir das vielleicht selbst nicht kennen oder weil wir gelernt haben, dass Kinder zu Hause gefördert und bespielt werden sollten. Doch für Kinder kann es kaum einen vielfältigeren Spielort geben als die Natur mit Wiesen und Wäldern zu verschiedenen Jahreszeiten und bei unterschiedlichem Wetter. Ausgestattet mit der richtigen Kleidung, erfreuen sich Kinder daran, im Sommer barfuß über Wiesen laufen zu können und zu fühlen, wie das Gras an den Füßen kitzelt, oder im Herbst mit Gummistiefeln durch den Matsch zu waten und den Sog der stecken bleibenden Schuhe im Matsch zu spüren.

Spielplätze

Je nach Wohnlage ist das Spiel in der Natur vielleicht nicht jeden Tag möglich. In der Stadt haben wir Plätze zum Spielen für unsere Kinder erfunden, die deren Bedürfnissen entsprechen sollen. Leider sind sie allzu oft nicht nach den wirklichen Bedürfnissen von Kindern errichtet, sondern spiegeln das Bild der Erwachsenen davon wider, welche Fertigkeiten hier erworben oder ausgebildet werden sollen: Auf der Schaukel kann das Gleichgewicht geschult werden, das Klettergerüst erlaubt das Klettern bis zu einer bestimmten Höhe und in gleichmäßigen Abständen, während ein wenig im Sand gebuddelt oder auf der Wippe die Kooperation mit anderen Kindern geübt werden kann. Spielplätze sind nur selten Orte, die Kindern wirklich ein freies Spiel ermöglichen. Dies umso mehr, wenn sich zu jedem Kind mindestens ein Elternteil auf dem Spielplatz und oft auf einem der Geräte tummelt.

Das Vertrauen in das kindliche Spiel wird hier oft am Spielplatztor abgegeben: Kindern wird erklärt, wie welches Spielgerät zu benutzen sei und wie lange sie darauf verbleiben dürfen, bis sie vom nächsten Kind abgelöst werden. Mancherorts scheint der Spielplatz eher einem Zirkeltraining zu gleichen als einem Ort des freien Spiels. Zu groß ist die Angst, das Kind könne sich verletzen, in Streit geraten oder unkooperatives Verhalten gegenüber anderen zeigen. Doch anstatt unseren Kindern Regeln aufzuzwingen für den Spielplatzbesuch, sollten wir Eltern lieber Regeln für uns selbst aufstellen: Je nach Alter des Kindes setzen wir uns an den Rand und ermöglichen unserem Kind, eigenständig zu spielen und mit anderen Kindern ins Spiel zu kommen. Wir sollten unseren Kindern nicht vorgeben, wofür welches Spielgerät genutzt werden kann, denn eine Rutsche kann auch ein Herd oder Backofen sein und eine Schaukel der Ausguck eines Schiffes.

Unsere Kinder besuchen den Spielplatz, um zu spielen. Sie können sich hier austoben, ihre motorische Entwicklung schulen und sich in Kooperation üben, wenn sie auf andere Kinder mit anderen Wünschen treffen. Sie können entspannt all die Dinge ausprobieren, die ihrem Alter entsprechen – das sind in der Regel die Dinge, die sie selber erreichen und bedienen können. Wenn wir diese Regel beherzigen, ergibt sich oft ein wesentlich entspannterer Spielplatzbesuch, denn wir müssen unsere Kleinkinder nicht voll Angst vor einem Absturz auf das Klettergerüst begleiten, auf das wir sie zuvor selber hochgehoben haben. Kinder können auf das klettern, was sie selbst erreichen. So können sie die Höhe einschätzen und finden auch Wege zurück. Wenn wir sie auf etwas setzen oder hochheben, sind sie auf uns angewiesen und können keine eigene Strategie finden.

Deswegen gilt auch auf dem Spielplatz für uns Eltern: Wir dürfen uns entspannt zurücklehnen und das Kind seinen Bedürfnissen nachkommen lassen. Ganz nach den Worten des englischen Schriftstellers David Herbert Lawrence: »Wie man ein Kind erzieht. Erste Regel: Lass es in Ruhe. Zweite Regel: Lass es in Ruhe. Dritte Regel: Lass es in Ruhe. Für den Anfang ist das genug.«[26] Kinder können sich bewegen, Kinder können spielen. Und wir Eltern dürfen sie beobachten und sind der sichere Hafen, wenn sie eine Pause von ihren Abenteuern oder Hilfe brauchen.

Zehn Anregungen für die motorischen
Bedürfnisse von Kindern

◇ Kinder brauchen Räume, um sich auszuprobieren – drinnen und draußen.

◇ Wir sollten nicht gegen die kindlichen Bedürfnisse nach Bewegung arbeiten und unsere Kinder einschränken, sondern die Rahmenbedingungen und unsere eigenen Erwartungen anpassen.

◇ Wer von Kindern erwartet, dass sie sich in Wohnungen wie Erwachsene verhalten, macht sich nur selber Stress und erschwert den Alltag: Kinder sind keine kleinen Erwachsenen und haben andere Bedürfnisse, die wir berücksichtigen müssen.

◇ Feinmotorische Fähigkeiten bilden sich einfach im Alltag aus, wenn wir unsere Kinder teilhaben lassen und ihnen Eigenständigkeit erlauben, z. B. bei der Körperpflege, in der Zubereitung des Essens und beim Anziehen.

◇ Beim freien Basteln und Malen steht in der frühen Kindheit der Weg im Vordergrund, nicht das Ziel, und Kinder probieren sich mit Farben und Materialien, beim Schneiden und Reißen aus.

◇ Wenn wir unseren Kindern eine Vielfalt an Möglichkeiten zum Ausprobieren und Mitmachen anbieten, brauchen sie keine extra Förderung der Fein- oder Grobmotorik, sondern sie können sie auf natürliche Weise ausbilden.

◇ Die Natur bietet Kindern alles, was sie für ihr Spiel benötigen, und gibt viele Anregungen für die Grob- und Feinmotorik: Naturerfahrungen sollten deswegen in den Alltag fest eingebunden werden.

◇ Lege eine Schatzkarte an mit den schönsten Orten im Freien: Darauf kannst du die besonderen Orte einzeichnen, die du mit deinem Kind besucht hast und die euch besonders gefallen haben. Aus diesem Vorrat kann immer wieder geschöpft werden.

◇ Spielplätze sind Orte für Kinder, an denen sie spielen dürfen. Wir Eltern sollten sie dort möglichst ungestört ihrer Fantasie nachgehen lassen und Bewegung und Spiel nicht durch unsere Nutzungsvorstellungen beeinflussen.

◇ Kinder können das, was sie können, und dürfen sich selbst erproben: Weder in der Natur noch auf dem Spielplatz müssen wir Eltern sie auf Dinge hochheben oder sie beim Erkunden von Klettergerüsten begleiten.

Säule 7: Gemeinschaft mit anderen

Wenn wir uns die anderen Säulen ansehen, bemerken wir schnell, dass sie nicht für sich allein stehen, sondern dass es immer einen Zusammenhang gibt mit den Menschen der Umgebung und natürlich mit der Beziehung zwischen Eltern und Kind. Jede Entwicklung hängt mit der Beziehung zusammen, jeder Entwicklungsschritt kann etwas an der Beziehung ändern. Besonders auffällig wird der Zusammenhang zwischen Beziehung und motorischer Entwicklung im Kleinkindalter, wenn Kinder ein »Alleine!« oder »Ich mach selber!« einfordern. Doch natürlich wird die Selbstständigkeit auch in allen anderen Bereichen eingefordert.

Der Weg in die Selbstständigkeit

Unsere Kinder wachsen, und es ist ihre Entwicklungsaufgabe, sich dahin zu entwickeln, dass sie sich selbst versorgen können. Das ist schließlich auch unser Ziel als Eltern: Wir wünschen uns, dass unsere Kinder selbstbestimmt groß werden und für ihre Bedürfnisse einstehen. Wir wünschen uns selbstbewusste Erwachsene. Aber den Weg dorthin über die Selbstbestimmung wollen wir oft einfach nicht gehen. Doch es gibt nun mal nur diesen Weg.

Wenn wir uns wünschen, dass unsere Kinder selbstbewusste Teenager und Erwachsene werden, müssen wir mit ihnen zusammen über die manchmal ziemlich wackelige Brücke der Eigenständigkeit im Kindesalter gehen. Darunter klafft das große Tal der Unsicherheit, und im Nacken sitzen uns manches Mal der Zweifel und auch ein wenig Genervtsein. Es ist nicht einfach, diesen Weg zu gehen, und oft genug ist man verführt, vielleicht doch lieber die schnelle Straße mit Stoppschildern, Geboten und Verboten zu nehmen. Aber sie führt nun einmal an ein anderes Ziel, und wir Eltern müssen uns entscheiden, wohin wir mit unseren Kindern reisen wollen.

Wenn Kinder andere Dinge tun möchten als wir, bedeutet das nicht, dass sie gegen uns handeln. Erinnern wir uns an den Satz, der uns durch die gesamte Kindheit begleiten sollte: *Kindliches Verhalten macht Sinn.* Gegen die Bindungspersonen zu handeln, ergibt für ein Kind keinen Sinn. Es möchte nicht geschimpft werden oder von uns gehetzt werden. Vielleicht wollen wir eine bestimmte Sache, beispielsweise pünktlich zu einem Termin kommen. Doch unser Kind hat eventuell gerade eine ganz andere Aufgabe, an der es arbeitet und die es zu Ende bringen möchte. Es sieht nicht unseren Terminstress, sondern seine eigene Entwicklungsaufgabe. Während wir einfordern, dass unser Ziel erreicht werden soll, fordert das Kind seine eigenen Bedürfnisse ein.

Welche sind wichtiger? Darauf gibt es keine zufriedenstellende Antwort. Es stehen sich meistens gleichwertige Bedürfnisse gegenüber. Doch weil wir die Erwachsenen sind und den Rahmen des Tagesablaufes vorgeben, wollen wir unsere Vorstellung durchsetzen. Natürlich haben wir hierfür unsere Gründe, und oft gibt es unser Tagesablauf nicht her, dass wir alles aushandeln und in jeder Situation Kompromisse finden können. Doch wenn wir in den Situationen, in denen verschiedene Erwartungen aufeinandertreffen, bedenken, dass jeder Wunsch gleichermaßen berechtigt ist, fällt es uns leicht, diese Momente auf gute Weise zu klären. Dann sehen wir in unseren Kindern nämlich keine Gegner, die unsere Pläne durchkreuzen, sondern wir sehen einfach nur das Kind, das gerade selbst eine bestimmte Erfahrung machen möchte. Und vielleicht planen wir bei der nächsten ähnlichen Situation mehr Zeit ein, damit das Kind nach seinem Tempo und seinen Bedürfnissen vorgehen kann – und kündigen das auch so an.

Kinder können nur lernen, wenn wir sie auch handeln lassen. Sie wollen allein Essen aussuchen beim Einkaufen, sie wollen es allein zubereiten. Sie wollen probieren, allein auf die Toilette zu gehen, und sie wollen ihren Körper und ihre Ausscheidungsbedürfnisse verstehen. Sie wollen sich sprachlich mitteilen – und zwar vollständig – und dabei ernst genommen und respektiert werden. Sie wollen spielen, experimentieren und sich bewegen. Manches Mal stellen sie dabei fest, dass sich unterschiedliche Bedürfnisse im Weg stehen und nicht vereinbar sind. Sie erfahren auch, dass sie bei Menschen an persönliche Grenzen stoßen und dass die eigenen Bedürfnisse oft auf die der anderen abgestimmt werden müssen.

Kinder dürfen sich ausprobieren

Kinder testen keine persönlichen Grenzen böswillig aus, sie fordern uns nicht heraus. Sie gelangen aber durch ihr Handeln an Grenzen, um zu erfahren, wie sie sich in einer Gesellschaft richtig bewegen. Neben all den Dingen, die sie lernen, lernen sie nämlich auch, wie andere Menschen sind. Und auch das lernen sie genauso, wie sie etwas über die Eigenschaften von Sand oder Wasser lernen: indem sie damit umgehen. Sie experimentieren zwischenmenschlich und bilden sich ihre Vorstellung von anderen Menschen und der Gesellschaft.

Dieses Bild können wir Eltern uns vor Augen führen, wenn uns das »nicht gesellschaftsfähige« Verhalten unseres Kindes stört: Es probiert sich so aus, wie es als Baby die ersten Mahlzeiten mit allen Sinnen erfahren wollte. Es ist normal und richtig, dass es aneckt und seinen Weg sucht. Und an den Erfahrungen, die es dabei sammelt, wird es sein Verhalten im Laufe der Zeit ausrichten.

Zudem müssen wir sehen, dass unsere Kinder im Babyjahr meist liebevoll umsorgt wurden: Jede neue Errungenschaft war wunderbar, das erste Krabbeln, der erste Schritt ein Herzensmoment. Doch nun weht auf einmal ein Gegenwind in dem sonnendurchschienenen Alltag. Auf einmal gibt es ein »Nein« oder ein »nicht so« – auch daran müssen sich unsere Kinder erst gewöhnen. Und wir sollten es schaffen, diese große Veränderung zu berücksichtigen und eine neue Alltagswelt zu gestalten, die mit weniger Neins versehen ist.

Teilhabe ermöglichen

Oft ist unser Blick auch zu sehr auf den Mangel des Kindes gerichtet: Wir sehen, was es alles nicht kann oder dass es »ständig« das macht, was wir uns nicht wünschen. Viel öfter sollten wir unseren Blick jedoch auf das lenken, was es gerade tut, worin es uns unterstützt. Kinder wollen teilhaben, Kinder sind soziale Wesen. Sie tun jeden Tag sehr viele Dinge, durch die sie mitarbeiten und uns unterstützen – wir müssen dies nur sehen und zulassen.

In unserem Alltag muss Platz dafür sein, dass ein »Darf ich auch abwaschen?« oder »Kann ich das Bad wischen?« angenommen werden kann. Natürlich sind diese Unterstützungsangebote in ihrem Effekt anders, als wenn wir es allein machen würden, aber es sind Versuche der Teilhabe. Und nur wenn das Kind die Möglichkeit dazu bekommt, kann es sich darin auch verbessern. Wenn uns gegenüber unserem Schulkind der Satz über die Lippen kommt: »Kannst du nicht auch mal mithelfen?«, sollten wir uns erinnern, ob wir dem Kind schon früher die Möglichkeit gegeben haben mitzuhelfen oder ob wir nun auf einmal von einem großen Kind ein Verhalten verlangen, das es nie eingeübt hat.

Schon Kleinkinder dürfen am Alltag teilhaben und ihn unterstützen: Sie können ihr Geschirr aus dem Schrank holen und später von ihrem Platz abräumen. Mit einem kleinen Lappen können auch sie putzen oder Socken zusammensortieren. Ein Vorschulkind kann seine Wäsche zusammenlegen. Das Kind, das von Anfang an in der Küche mithelfen durfte, kann ab dem Schulalter einfache Speisen zubereiten. All das ist möglich – wenn wir es ermöglichen.

Unterstützendes Verhalten müssen wir unseren Kindern nicht irgendwann beibringen, denn sie zeigen es von klein auf.

Wir müssen vielmehr darauf achten, es nicht zu behindern. Wenn wir die Voraussetzung schaffen und wirklich sehen, wo sich unser Kind jeden Tag einbringt, statt unser Augenmerk auf die negativen Aspekte zu richten, und wenn wir es in seinem Verhalten ernst nehmen und das Positive unterstützen, sind wir auf einem sehr guten Weg des Miteinanders.

Bitte, Danke, Entschuldigung ...

Miteinander bedeutet auch, dass wir unser soziales Verhalten betrachten. Wir sind für unsere Kinder zu jedem Zeitpunkt das Vorbild, nach dem es sich richtet. Das fängt bei den kleinen Gesten im Alltag an: Wir können nicht einfach das »Zauberwort« Bitte oder Danke von unseren Kindern einfordern. Bitte, Danke und die Bitte um Entschuldigung sind Aspekte des Zusammenlebens, die wir unseren Kindern vorleben müssen. Unsere Kinder begleiten uns in unserem Alltag, laufen an unserer Seite und nehmen uns und unser Verhalten in der Umwelt wahr. Wie benutzen wir diese Worte im Alltag? Und sagen wir sie zu unseren Kindern?

Ein aufrichtig gemeintes Bitte oder Danke kann man nicht einfordern, es muss aus dem Inneren kommen. Dankbarkeit leben wir unseren Kindern im Alltag dann vor, wenn wir uns aufrichtig über etwas freuen. Wir können ihnen unsere Sicht der Dinge, unser Empfinden mitteilen und ihnen so auch vermitteln, wofür wir dankbar sein können: Wenn wir eine Blume geschenkt bekommen ebenso wie wenn wir einen Mitarbeiter der Stadtreinigung bei der Arbeit sehen und uns darüber freuen, dass die Straße für uns gereinigt wird. Dankbarkeit ist vielfältig, und wir sollten unseren Kindern einen positiven Blick auf die Welt mitgeben. Wenn wir im Alltag darüber nachdenken, wofür wir dankbar sind, und es in Worte fassen, schärfen wir auch unseren eigenen Blick wieder für die vielen guten Dinge in unserem Leben – zum Beispiel auch unsere Kinder.

Eine Entschuldigung kann man nicht ei
nur erbitten. Auch wir Erwachsene können un
unseren Kindern entschuldigen: wenn etwas a
ist als geplant, wenn wir zu gestresst oder genervt
wir sie angeschrien haben. Wir sind in den ersten
Vorbild für das Verhalten im Konfliktfall und auch d , wie
man wieder zueinanderfindet. Wir können unsere Kinder um
Entschuldigung bitten und sollten dann ihre Antwort abwarten.
Denn wir können auch ein Verzeihen nicht einfordern. Auch
Kinder haben das Recht darauf, einfach einmal enttäuscht oder
sauer zu sein. Sie müssen nicht glücklich lachen, wenn sie sich
anders fühlen. Kinder brauchen Authentizität und dürfen selbst
authentisch sein – das müssen wir ihnen zugestehen.

Umgang mit Gefühlen

Noch lange sind sie keine Erwachsenen und fühlen und reagieren nicht wie Erwachsene. Obwohl wir ihnen denselben Respekt entgegenbringen sollten wie Menschen in unserem Alter,
können wir gleichzeitig nicht erwarten, dass sie selber auch so
handeln. Kinder sind Kinder, und manches Mal sind sie auch
nur allzu authentisch und werden von ihren eigenen Gefühlen
überrollt: »Ich weiß auch nicht, was ich will, aber ich will nicht,
was du willst!« Oder: »Ich will jetzt gerade gar nichts!« Wir können uns in diesen Momenten kaum in unsere Kinder hineinversetzen und ihren Ärger, ihre Wut und ihre Verzweiflung kaum
nachempfinden. Aber wir sehen sie: sehen, wie sie rot oder weiß
werden, wie sie sich verkrampfen und schreien und schwitzen
und weinen. Es ist anstrengend, all diese Gefühle und all diese Gedanken auf einmal in sich zu haben und keinen anderen
Weg aus dem Strudel des Empfindens hinauszufinden, als laut
zu schreien und sich auf den Boden zu werfen.

»Das emotionale Gehirn [übernimmt] die Führung und blo-
ckiert das vernünftige, geduldige Gehirn weitestgehend in sei-

ner Funktion«, beschreiben es Danielle Graf und Katja Seide[27] so treffend, und wir sind in diesem Moment nicht in der Lage, das Kind mit Worten zu erreichen. Da liegt unser Kind und wütet gegen uns oder sich oder die Welt. Tatsächlich können wir nichts tun: Es gibt keinen Schalter, der die Gefühle ausstellt – zum Glück. Es gibt keine immer hilfreiche Redewendung, keine sichere Ablenkung.

Was wir unseren Kindern aber in diesen Momenten immer geben sollten, ist ganz einfach eines: die Gewissheit, dass wir da sind. Wir sind da, um sie nach dem Gefühlssturm wieder aufzufangen, um zu sehen, wie anstrengend es war, und um sie liebevoll zu beruhigen, wenn sie so weit sind. Manche Kinder sind in den Momenten des Gefühlssturms für Berührungen empfänglich, doch viele nicht. Sie brauchen den Moment, um all das, was in ihnen vorgeht, zu ordnen oder um Gefühle herauszulassen, die sie nicht beschreiben oder verstehen können. Und manchmal brauchen sie auch einfach eine Möglichkeit, mit der Wut darüber umzugehen, wie ungerecht wir sie in ihren Augen behandeln, indem wir den Weg vorgeben, den sie gehen sollen.

Was also hilft, ist das Annehmen. Ja, es ist nicht immer einfach, und manches Mal passt ein solcher Gefühlsausbruch auch einfach gar nicht in unseren erwachsenen Plan. Manches Mal sehen wir uns dabei wie durch die Augen anderer und denken, wir wären schlechte Eltern, wenn sich unsere Kinder schreiend auf dem Boden rollen. Aber so ist es nicht. Wir geben dem Raum, was das Kind gerade ausdrücken will. Das zu ertragen ist nicht immer einfach, aber es zu unterbinden kann die Verärgerung über die Situation verstärken.

Wir können darauf achten, dass unser Kind sich und andere nicht verletzt. Wir können versuchen, seine Gefühle durch unseren körperlichen Ausdruck zu spiegeln. Wir können ihm aufgrund des Wissens, was unserem Kind hilft und was es mag, eine sanfte Unterstützung sein und dabei helfen, aus der Wut herauszukommen, was für viele Kinder im Vorschulalter noch sehr schwierig ist. Und wir können unser Kind danach in die Arme nehmen und darüber sprechen.

Zehn Anregungen für ein gutes Miteinander

◇ Die Entwicklungsaufgabe unserer Kinder ist es, sich eines Tages selbst versorgen zu können. Das lernen sie, indem wir sie schon früh Dinge ausprobieren lassen, sodass sie selbst wirksam sein können. Selbstständig wird, wer selbstständig sein darf.

◇ Soziale Grenzen ergeben sich von allein aus der Auseinandersetzung mit der Umwelt und durch das Feedback der Umwelt.

◇ Unsere Kinder wollen an unserem Leben teilhaben, und wir sollten ihnen die Rahmenbedingungen bieten, die dies ermöglichen.

◇ Wir sollten ihre Wünsche und Bedürfnisse nach Teilhabe respektvoll und auf Augenhöhe betrachten: Meistens sind Kinder- und Erwachsenenwünsche gleichbedeutend, und nur wir Erwachsenen rücken unsere Wünsche in den Vordergrund.

◇ Wir leben miteinander, nicht gegeneinander oder nebeneinander. Ein Miteinander erfordert auch von Erwachsenen Kompromissbereitschaft.

◇ Kinder fordern uns nicht heraus, testen nicht unsere Grenzen, sondern wollen sich entwickeln und wollen verstehen, wie die Welt funktioniert. Deswegen sollten wir ihnen nicht böse sein.

◇ Kinder sind nicht »zu klein« für Aufgaben, die sie sich vornehmen. Wenn sie den Wunsch nach einer Beteiligung äußern, sollen sie sich ruhig in einem sicheren Rahmen ausprobieren. Und entweder werden wir dann überrascht davon, dass das Kind es schon kann, oder das Kind lernt von sich aus, dass es noch nicht bereit ist.

◇ Wir sollten unseren Blick nicht auf die »Mängel« unserer Kinder richten, sondern auf ihre positiven Eigenschaften, und diese bestärken.

◇ Manchmal sind wir so angespannt in Erwartung eines negativen Erlebnisses, dass wir dadurch einen ungünstigen Einfluss auf das Geschehen nehmen.

◇ Wir als Eltern sind – im Sozialverhalten wie in anderen Dingen – das Vorbild für die Handlungen unserer Kinder und sollten uns ihnen und anderen Menschen gegenüber so verhalten, wie wir es auch von ihnen wünschen.

Jedes Kind ist anders

Wenn wir Glück haben, wurde es uns schon in der Babyzeit bewusst: Jedes Kind ist anders. Jedes Kind bringt sein Temperament mit, seine Vorlieben und Abneigungen. Selbst innerhalb einer Familie, in der die Geschwister dieselben Eltern haben und in derselben Wohnung aufwachsen mit den ähnlichen Rahmenbedingungen, gilt immer wieder, dass kein Kind dem anderen gleicht. Und so ist auch jedes Kind in den einzelnen Bereichen ein wenig anders und durchläuft seine Entwicklungsphasen unterschiedlich schnell oder langsam.

Auch nach dem ersten Geburtstag gibt es noch »Entwicklungsschübe«: Phasen, in denen eine Neuerung bevorsteht und die deswegen mehr Energie kosten als sonst – sowohl die Kinder als auch die Eltern. Es gibt immer wieder Zeiten, in denen Neues gelernt wird und die die Kinder deswegen vor die Herausforderung stellen, neues Wissen zu integrieren und vielleicht sogar ihr altes Wissen umzubauen und neu zu verschalten. Oder Phasen, in denen sich die Kinder an neue Rahmenbedingungen anpassen müssen, wie beim Eintritt in den Kindergarten oder die Schule.

Um unsere Kinder zu verstehen, müssen wir uns ein Stück weit in sie hineinversetzen: Wie ist das, wenn wir einen neuen Job beginnen und uns an ganz neue Situationen gewöhnen müssen? Oder wenn wir etwas Neues lernen wie eine neue Sprache? Wenn wir einen neuen Meilenstein erklimmen wie das Fahrradfahren oder Schwimmen? Die Reise durch die Kindheit ist voller Abenteuer. Jedes Abenteuer ist auf- und anregend. Bei jedem Hindernis hilft es einem Kind zu wissen, Menschen an seiner Seite zu haben, die es unterstützen.

In der Kindheit – und besonders später in der Jugend – können wir unserem Kind vielleicht nicht mehr immer und bei allem helfen, können und sollen auch gar nicht die Lösungen für Probleme anbieten. Der Weg ist ein Teil des Ziels. Aber wir können da sein, unterstützen und stützen. Jeden Tag und auf genau die Weise, wie unser Kind es gerade heute braucht. Bindungsorientiertes Leben hört nicht auf. Nicht an einem bestimmten Geburtstag, nicht ab einem bestimmten Lebensabschnitt.

♡ Nach einem langen Tag im Sand …

♡ Die Geschwister bereiten zusammen das Essen zu und die Große hilft dem Kleineren.

♡ Tiere sind wunderbare Wegbegleiter.

♡ Im Spiel wird nachgefühlt, was am Tag gesehen und erlebt wurde.

Euer Alltag ist ihre Kindheit

All diese Entwicklungen, die vielen kleinen Schritte durch die Kindheit, passieren nicht wie in einem Film, den wir uns ansehen können. Sie geschehen jeden Tag ein Stück. Jeden Tag gehen wir mit unseren Kindern weiter voran, die Zeit verstreicht. Es gibt Tage, an denen uns die Entwicklungen und besonders die Neuerungen besonders auffallen. Und es gibt Tage, an denen alles gleich zu bleiben scheint. Manches Mal laufen wir eher gelangweilt durch eine trostlose Gegend, manchmal ist es ein Abenteuerausflug. Kindheit ist nichts Losgelöstes, kein Einzelprodukt in unserem Leben. Kindheit findet im Alltag einer Familie statt. Das, was wir gemeinsam jeden Tag erleben, ist die Kindheit unserer Kinder. Dazu zählen nicht nur ihre eigenen Entwicklungsschritte, sondern vor allem die Rahmenbedingungen, die wir ihnen bieten: Wann wir wie Zeit mit ihnen verbringen, ob wir genervt sind oder entspannt, ob wir uns beeilen müssen oder langsam sein können.

Der Alltag von Familien ist nie nur einfach. Es gibt immer auch Probleme und Herausforderungen: Familien wachsen und es kommen neue Mitglieder hinzu, oder sie verkleinern sich durch Trennungen oder Tod. Es gibt Streit zwischen den Mitgliedern einer Familie oder im sozialen Netz mit anderen Erwachsenen oder zwischen den Kindern. Alltag ist nicht rosarot. Alltag hat viele Farben, und es ist auch gut, dass Kinder diese Vielfalt erleben. Alltag in der Familie ist, wie das Leben ist, in das wir unsere Kinder begleiten. Wir geben ihnen in der Familie die Möglichkeit, in einem kleinen, geschützten Rahmen das Leben in all seinen Facetten kennenzulernen. Je größer sie werden, desto größer werden auch der Rahmen und die Vielfalt, die sie kennenlernen. Hier, in der Familie, lernen sie, wie sie mit den Herausforderungen des Alltags umgehen können. Sie lernen die Welt kennen, und wir beeinflussen mit unserem Verhalten, ob sie die Welt auch später eher skeptisch oder optimistisch betrachten. So, wie wir ihnen das Leben zeigen, nehmen sie es auch später wahr.

Zu-Hause-Sein ist ein Gefühl

Das Wichtigste für Kinder ist, dass sie sich angenommen, geliebt und wertgeschätzt fühlen – welche Phase auch immer sie gerade durchlaufen und wie anstrengend es gerade sein mag. Besonders wenn das Außen turbulent und aufregend ist, brauchen sie im Inneren Beständigkeit. Wir sind es, die ihnen diese Beständigkeit geben können. Nicht nur durch die Struktur unserer Tage oder einen immer gleichen Wohnort. Zu Hause zu sein ist ein Gefühl, das wir unseren Kindern vermitteln, eine Vorhersagbarkeit unseres Verhaltens und die offenen Arme, die immer da sind.

Kinder müssen wissen, dass sie mit ihren kleinen und großen Problemen zu uns kommen können und dass wir sie liebevoll annehmen. Selbst dann, wenn es Konflikte sind, wenn sie einen Streich gespielt haben oder es andere negative Sachen zu berichten gibt. Das bedeutet nicht, dass wir nicht schimpfen oder uns empören dürfen. Es bedeutet, dass sie trotz alldem das Gefühl haben, sicher bei uns zu sein. Wir gehen mit dem, was sie uns berichten, vertraulich um, wir nehmen ihre Sorgen und Ängste ernst und tun sie nicht als »Kinderproblem« ab. Wir hören zu und helfen dabei, Lösungen zu finden, wenn das Kind an seine eigenen Grenzen gelangt. Wir stehen vor anderen für unser Kind ein, selbst dann, wenn es etwas falsch gemacht hat, und helfen ihm durch das Problem hindurch. »Zuhause« bezeichnet weniger ein Haus oder eine Wohnung, sondern vielmehr uns Menschen, die da sind. Familie ist ein emotionales Zuhause.

Geborgenheit schaffen

Das Zuhause kann von Familie zu Familie unterschiedlich aussehen. So wie es unterschiedliche Wohnformen gibt, finden sich auch unterschiedliche Familienstrukturen: Es gibt Familien, die aus einem Elternteil und Kind(ern) bestehen, Familien mit mehr als zwei Eltern, Familien mit zwei Eltern. Es gibt Familien, in denen die Eltern das gleiche Geschlecht haben oder eben nicht. Familien, die mehrere Wohnungen haben, zwischen denen das Kind pendelt. Dabei gibt es keine Familienform, keine Konstellation, die von sich aus geborgener oder besser wäre als eine andere.

Geborgenheit entsteht nicht durch die Größe oder Zusammensetzung einer Familie und auch nicht durch den sozioökonomischen Status. Geborgenheit ist das, was wir selbst mit unseren Ressourcen für unsere Familie erschaffen. Sie hat besonders viel damit zu tun, dass wir auf das gesamte System schauen, auf alle Menschen, die sich darin bewegen, und ihre Grenzen und Möglichkeiten. Wir können Geborgenheit nur dann schaffen, wenn es uns allen gut geht. Wir Eltern können nur dann entspannt und liebevoll mit unseren Kindern umgehen, wenn wir selbst nicht andauernd gestresst und unter Druck sind. Deswegen sehen die Zutaten für Geborgenheit in jeder Familie auch ein wenig anders aus. Geborgenheit lässt sich nicht in Zeiteinheiten messen, die wir mit unseren Kindern persönlich verbringen, und auch nicht mit Geld, das wir für Spielzeug oder Kleidung ausgeben. Es ist die Art, wie wir achtsam miteinander umgehen.

Neue Familienmitglieder

Wenn ein neues Kind in die Familie kommt, verändert sich viel. Kleine Kinder sind auf einmal große Geschwister. Dies bringt sowohl Vor- als auch Nachteile für sie mit sich. Obwohl sie nun nicht mehr als kleines Kind behandelt werden, sind sie dennoch meistens noch nicht groß und selbstständig. Sie sind noch immer Kinder und auf ihre Art bedürftig – wenn auch anders als ein Neugeborenes. Eltern bringt das manchmal in einen Konflikt und sie fragen sich, wie sie allen Anforderungen gerecht werden können – dies umso mehr, wenn es das erste Geschwisterkind ist und sie vielleicht selber keine Geschwistererfahrungen haben. Auf der anderen Seite der Geschwistermedaille ist jedoch auch die Chance der Selbstständigkeit zu erkennen: Große Geschwister haben oft auch die Möglichkeit, aus dem Schatten des Kleinseins nun herauszutreten und groß zu sein für mehr Selbstständigkeit im Alltag.

Mehrere Kinder zu haben ist schön, ein Gewinn für die ganze Familie – aber es ist auch anstrengend. Wenn wir die beim ersten Kind gesetzten Maßstäbe für Elternschaft auch beim zweiten Mal anlegen, lautet die Antwort auf die Frage, ob man zwei Kindern gerecht werden kann: Nein. Nein, wir leben mit zwei oder mehr Kindern nicht wie mit einem Kind. Und den Anspruch zu haben, beiden Kindern gleichermaßen gerecht zu werden, ist ein zum Scheitern verurteiltes Unterfangen, das Eltern viel Stress und Unruhe bringt. Doch die gute Nachricht ist: Wir müssen es auch gar nicht. Wir müssen nicht jedes Kind so behandeln, als wäre es ein Einzelkind.

Das größere Kind unterstützen

Wenn Kinder große Geschwister werden, fällt natürlich etwas Aufmerksamkeit der Eltern weg. Doch das bringt auch die große Chance mit sich, dass die Kinder nun auch groß sein *dürfen*, dass sie nicht mehr beständig im Blickfeld der Eltern sind, dass wir eben gar nicht wie ein Helikopter über ihnen schweben können, weil wir gerade anderes zu tun haben. Geschwisterkinder bringen weniger Aufmerksamkeit und dafür mehr Freiheit ins Leben. Das anzuerkennen und diese positive Seite zu sehen, fällt uns Eltern anfangs nicht immer leicht. Ebenso wenig wie der Umstand, dass Kinder manchmal enttäuscht und nicht immer glücklich sind. Denn schließlich wünschen wir uns dies als Eltern für sie. Ein Geschwisterkind zu bekommen, macht das größere Kind nicht sofort und unbedingt glücklich. Doch wir können unseren Kindern helfen, in ihren Geschwistern keine Konkurrenten zu sehen, sondern Weggefährten.

Der Alltag verändert sich mit einem kleinen Geschwisterkind, und die auf einmal Großen bekommen neue Aufgaben, dürfen andere Dinge und sind eben plötzlich in den Augen der Erwachsenen groß im Vergleich zu dem so kleinen Baby. Unsere Aufgabe als Eltern ist es, diesen neuen Alltag als ein Glück anzusehen und dem Kind zu vermitteln, dass es nun groß sein *darf* und nicht muss, dass es mehr im Alltag mithelfen *darf* und nicht muss und dass es überhaupt viele neue Dinge machen kann.

Wenn ein Baby in die Familie kommt, ist vor allem eines wichtig: Entspannung für alle. Die erste Zeit ist für alle Familienmitglieder eine Zeit der Umstellung und Anpassung, ganz besonders für das Baby und für größere Geschwister. Der Alltag steht nicht selten ein wenig kopf, wenn neue Rituale gefunden werden müssen und ein neuer Tagesablauf notwendig ist. Wir können unsere »großen« Kinder auf ein neues Geschwisterkind vorbereiten, indem wir Zeit mit anderen Familien verbringen und sie darüber aufklären, was ein Baby alles braucht. Und doch wird es trotz aller Vorbereitung ein Umbruch sein. Erlaubt ist in der Anpassungszeit deswegen fast alles, was hilft, um Entspannung zu bringen und das größere Kind zu unterstützen: Familie und Freunde, die dem Kind zusätzliche Aufmerksamkeit schenken, besondere Spiele und Bastelideen für die Momente, in denen das Baby viel Aufmerksamkeit braucht (stillen, wickeln). Aber auch ein Filmnachmittag oder -abend ab und zu kann Erleichterung bringen, wenn gerade die Energie der Eltern aufgebraucht ist. Wenn ein Baby in die Familie kommt, bekommt der Alltag eine neue Form, und wir müssen –

besonders am Anfang – eine Form finden, die zu uns allen passt und uns entspannt unseren Weg gehen lässt.

Patchworkfamilien

Manchmal kommen neue Familienmitglieder auch aus einer anderen Richtung zu uns: dann, wenn sich zwei (oder mehrere) Familien zusammenfinden und eine Patchworkfamilie bilden. Sind daran mehrere neue Familienmitglieder beteiligt, ist es ein großes Unterfangen, für alle einen neuen Alltag zu kreieren. Es gibt meistens keine gemeinsame Vergangenheit, an der einfach angeknüpft werden kann, sondern es stehen sich neue Menschen eventuell unterschiedlichen Alters gegenüber. Große Kinder können auf einmal wieder kleinere Geschwister werden oder andersrum. Ein neuer Lebenspartner stößt zu einer Familie, die vielleicht ihre eigenen Tagesstrukturen hat, die sich nun ändern. Die große Frage steht im Raum: Kann ich als Erwachsener diese fremden Kinder lieben? Können meine Kinder die anderen Kinder lieben und als Geschwister betrachten?

Gerade am Anfang sollten jedoch die Erwartungen nicht zu hoch sein. Alle Beteiligten sind im Umbruch und müssen neue Wege suchen. Niemand muss jemanden lieben, nur weil er auf einmal irgendwie mit dazugehört – weder Erwachsene die neuen Kinder noch andersrum oder die Kinder untereinander. Wie bei neugeborenen Geschwistern gilt auch hier: Es gibt nicht den einen richtigen Weg und keine immer wirksamen Rezepte. Wenn wir als Erwachsene mit gutem Beispiel vorangehen, wenn wir uns gegenseitig nicht überfordern und keine positiven Gefühle verlangen, sondern offen bleiben und einfach »nur« Respekt und Verständnis mitbringen, sind wir auf einem guten Weg.

Verlust von Familienmitgliedern

So wie Familienmitglieder im Alltag der Kindheit dazukommen können, können andere Familienmitglieder auch gehen. Der Verlust einer nahen Person ist oft schwer für ein Kind. Es ist – je nach Alter – unverständlich, wohin die Menschen gegangen sind, die man doch liebte. Ein Verlust kann eintreten, wenn sich die Eltern trennen und eine der vorher ständig anwesenden Bindungspersonen auf einmal weniger oder gar nicht mehr anwesend ist.

Nach Trennungen den Alltag neu gestalten

Trennungen und Scheidungen sind meist eine schwere Umbruchphase im Leben von Kindern und müssen gut begleitet werden. »Für das Kind sind beide Eltern von großer Bedeutung. Beide haben zusammen dem Kind zum Leben verholfen und verkörpern seine Herkunft und Abstammung«[28], hebt die Deutsche Liga für das Kind e. V. hervor. Auch bei Adoptivkindern und Kindern aus Regenbogenfamilien, in denen ein Elternteil nicht biologisch mit ihnen verbunden ist, ist die Zusammengehörigkeit und Identitätsbildung über den bisher immer vorhandenen Elternteil wichtig. Gemeinsam haben sie bisher den Alltag verbracht, und die gewohnten, nun fehlenden Alltagserfahrungen können Kind und Elternteil entfremden.

Wichtig ist – je jünger das Kind, desto mehr –, darauf zu achten, dass möglichst wenig Veränderungen im Alltag geschehen und die meisten Abläufe gleich bleiben können. Verlässliche Vereinbarungen zum Wohle des Kindes sind für den Umgang unerlässlich. Kinder können auch mit getrennten Eltern geborgen aufwachsen, die jeweils eigene Strukturen und Regeln in jedem Zuhause haben. Sie brauchen jedoch von beiden Seiten einen einfühlsamen, unterstützenden und liebevollen Übergang in diesen neuen Familienalltag.

Alleinerziehende haben es schwerer

Der Alltag als alleinerziehende Mutter oder als alleinerziehender Vater stellt Familien jedoch oft vor besondere Herausforderungen. Sie sind besonders auf Unterstützung angewiesen: Alleinerziehende benötigen meist ein gutes Netz an Helfern und Helferinnen, angefangen bei der Kinderbetreuung im Alltag und besonders auch im Krankheitsfall, über finanzielle Unterstützung für alle Beteiligten bis hin zu Anerkennung und Respekt für ihre Alltagsleistungen.

Es ist schwer, Kinder allein im Alltag zu begleiten. Wir Erwachsene brauchen andere Erwachsene um uns, mit denen wir uns austauschen können, die uns einen Teil der Arbeit abnehmen und auch einfach freundlich auf die Schulter klopfen und nach einem anstrengenden Tag sagen: »Das hast du gut gemacht!« Die Unterstützung bekommen wir meist von einem Partner oder einer Partnerin beziehungsweise auch von deren Familie, die zu unserer Ursprungsfamilie hinzukommt. Alleinerziehende Eltern haben jedoch oft weniger familiäre Helfer. Ihnen fehlt – weitaus mehr als in anderen Familienformen – das »Dorf«. Dieses müssen sie sich oft im Laufe der Zeit erst zusammenstellen. Alle Dinge (Kinder, volle Erwerbstätigkeit, Haushalt etc.) alleine zu meistern, wie in einer Paarbeziehung, ist sehr oft nicht möglich und kann schnell in eine Überlastung führen, wenn dies gefordert wird und die Leistung der Einelternschaft nicht ausreichend wertgeschätzt wird in der Form, in der sie gerade möglich ist. Aber Alleinerziehende geben wie alle Eltern ihr Bestes und Möglichstes für ihre Kinder.

Auch sozial und politisch sind wir noch lange nicht da angekommen, dass die Bedürfnisse alleinerziehender Eltern hinreichend berücksichtigt werden, obwohl 2,3 Millionen Kinder in Deutschland mit nur einem Elternteil aufwachsen.[29] Obwohl mehr als die Hälfte der alleinerziehenden Mütter erwerbstätig ist, findet sich Kinder- und Familienarmut ganz besonders in dieser

Familienform und bringt damit noch weitere Herausforderungen für den Alltag mit sich als »nur« die fehlenden helfenden Hände.[30]
Wir alle sind gefordert, andere Familien zu unterstützen und uns zu vernetzen. Alleinerziehende Eltern sind hierauf ganz besonders angewiesen. Viele Eltern reagieren sehr reserviert, wenn andere Eltern darum bitten, dass ihre Kinder einmal – oder gar regelmäßig – nach Kindergarten oder Schule mit zu einem Spielkameraden nach Hause gehen dürfen. Viele Eltern haben schon Schwierigkeiten, überhaupt um Hilfe und Unterstützung zu fragen. Zu sehr ist in unseren Köpfen noch verankert, dass Familie im Kleinen zu Hause stattfindet. Doch genau das ist es nicht, was wir brauchen – wir alle, nicht nur Alleinerziehende. Kinder brauchen andere Kinder und können davon profitieren, wenn sie regelmäßig in Gemeinschaft leben.
Wir alle müssen beginnen umzudenken und dürfen alleinerziehende Familien nicht länger stigmatisieren, sondern sollten sie als natürlichen Teil der Gemeinschaft ansehen.

Wenn ein nahestehender Mensch stirbt

Nicht nur Trennungen verändern den Familienalltag, auch der Tod von nahestehenden Menschen kann ein Verlust im Alltag des Kindes sein. Ob Großeltern, Eltern oder Geschwister – der Tod eines Familienmitgliedes oder nahestehenden Freundes ist oft ein schwerer Einschnitt im Leben. Auch hier müssen wir von unseren eigenen Empfindungen Abstand nehmen, wenn wir die Gefühlswelt unseres Kindes verstehen wollen.
Kinder trauern anders als Erwachsene. Besonders Kleinkinder können den Begriff des Todes noch nicht verstehen. Sie verstehen nicht, dass jemand für immer und ganz weg ist. Sie brauchen uns Erwachsene, die ihnen erklären, was Tod bedeutet – auf kindgerechte Art. Wir dürfen ihnen sagen, dass der Mensch nie wieder zurückkommt, und sollten darauf achten, sie dabei nicht zu verängstigen. Tod gehört zu unserem Leben dazu und sollte nicht

immer nur umschrieben werden: Tote Menschen schlafen nicht für immer – gerade eine solche Aussage kann Kinder verunsichern und auch die Einstellung zum Schlaf negativ beeinflussen.

Vorschul- und Schulkinder haben oft schon eine genauere Vorstellung vom Tod, fühlen den Verlust aber noch immer anders als wir Erwachsene. Wichtig ist auch hier wieder, die Kinder in ihren Aussagen, Gedanken und Wünschen ernst zu nehmen: Wollen sie sich zum Beispiel von dem verstorbenen Menschen auf einer Beerdigung verabschieden oder wollen sie es nicht? Und selbst wenn sie zunächst den Wunsch haben, dürfen sie jederzeit ihre Einstellung ändern und sich zurückziehen, wenn es ihnen zu viel wird. Wir dürfen – wie so oft – auf unsere Kinder und ihre Signale vertrauen.

Wir Erwachsene müssen dabei auf unsere Kinder achten und brauchen Unterstützung, wenn unsere Trauer uns den Blick auf die Kinder verstellt. Es ist in Ordnung, wenn unsere Kinder sehen, dass wir trauern, weinen und unglücklich sind. Wir müssen unsere Tränen nicht verbergen und stark sein, sondern einfach authentisch. So erfahren unsere Kinder, wie sie selbst mit ihren Gefühlen umgehen und wie sie sie ausdrücken können. Gefühle sollten weder von uns noch von unseren Kindern verdrängt werden. Eine Beratung durch Fachpersonen und Trauerbegleiter/-innen kann gerade für Familien sehr hilfreich sein, damit Kinder alle offenen Fragen stellen können, die sie sich vielleicht im Kreis der trauernden Familie nicht zu fragen trauen. Auch passende Kinderbücher können hilfreich sein. Vor allem brauchen Kinder jedoch offene Ohren, Geduld und Verständnis.

Familienalltag gestalten

Wenn wir die einzelnen Entwicklungsbereiche der Kinder im vorangegangenen Kapitel betrachten, bekommen wir einen Eindruck davon, wie der Alltag von Kindern aussehen sollte: Freiheit und Gemeinschaft sind die beiden wesentlichen Aspekte, die Kinder und Familien brauchen. Kinder brauchen die Möglichkeit, sich nach ihren Bedürfnissen zu entwickeln. Sie müssen sich bewegen können, wie es gerade für ihre Entwicklung notwendig ist, und dürfen die Hindernisse suchen, an denen sie sich erproben wollen. Sie müssen schöpferisch tätig sein können und ihrer Fantasie Raum lassen dürfen: Sie dürfen mit Farben und Materialien experimentieren und sich austoben. Kinder brauchen andere Kinder, um Gemeinschaft zu leben, sich auch sozial zu erproben und soziale Grenzen zu erfahren und zu entwickeln. Auch das Zusammensein mit Menschen unterschiedlichen Alters ermöglicht ihnen soziale Erfahrungen. Und sie brauchen die Möglichkeit, sich zurückzuziehen, mal allein spielen zu dürfen und still zu sein, ohne dass wir Erwachsene gleich Bedenken haben wegen der Entwicklung unserer Kinder. Laut und leise, wild und ruhig, bewegt und unbewegt – all das sind die Facetten des Lebens, die Kinder erfahren wollen.

Kinder brauchen zunächst einmal Freiheit. Sie brauchen keine Kurse und Workshops, in denen sie lernen, wie man spielt oder sich bewegt. Sie bewegen sich von allein, wenn wir ihnen die Möglichkeit geben. Sie malen ohne Anleitung und basteln ohne Vorlage. Sie haben all die Ideen und Vorstellungen in ihren Köpfen, wenn wir sie nicht mit unserem erwachsenen Denken einschränken. Sie brauchen kein »Programm«, keine teuer bezahlten Förderungen. Nachmittagsangebote für Kinder in Gruppen können eine Ergänzung sein, wenn wir selbst nicht genügend anbieten können oder wollen – nicht alle Eltern lieben es, mit ihren Kindern durch die Natur zu rennen oder mit Pinsel und Farbe zu gestalten. Es ist in Ordnung, bestimmte Bereiche des Angebots auszulagern, aber es ist kein Muss. Kinder müssen nicht lernen zu spielen.

Rituale für den Alltag

Manchmal ist die Gestaltung des Alltags nicht einfach für uns. Während in der Babyzeit der Tag wunderbar strukturiert war, werden die Tage mit größeren Kindern immer mehr zu Abenteuern: Da wird auf einmal der Mittagsschlaf ausgelassen, oder das Kind möchte spontan nachmittags eine Freundin besuchen, oder es bringt ganz andere eigene Ideen mit. Wir merken: Wir geben nicht mehr allein den Weg vor. Rituale im Alltag, die uns zuvor geholfen haben, können uns nun einschränken und auch das Kind in seinen Möglichkeiten einschränken. Mit einem größeren Kind müssen wir ein Stück weit mehr Offenheit zurückerlangen. Das bedeutet nicht, dass wir keine Rituale mehr haben können oder sollten, aber sie müssen oft neu ausgerichtet werden und dürfen uns als Familie nicht einengen, denn ansonsten kann aus einem lieb gemeinten Ritual eine starre Form, ein Druck werden. Doch genau das ist es nicht, was wir für unsere Kinder brauchen. Wir müssen die Bedürfnisse der Kinder im Blick haben und beweglich bleiben, statt starre Regeln zu befolgen.

Der Alltag von Familien sieht immer unterschiedlich aus. Es gibt keinen immer richtigen Alltag für unsere Kinder. Es gibt kein: montags muss gemalt werden, dienstags gewandert, mittwochs der Spielplatz besucht, donnerstags Museum … Oft sind wir Erwachsenen es, die Anregungen brauchen für den Alltag, und nicht unsere Kinder. Sie suchen sich ihr Spiel dort, wo sie gerade sind. Uns jedoch kann es helfen, wenn wir uns an folgenden Tipps orientieren.

Tipps für Rituale

Unsere Angebote können wir dabei danach ausrichten, was wir gerade an Entwicklungen bei unseren Kindern sehen. Dafür ist es notwendig, sie einfach wahrzunehmen und zu beobachten.

Vielleicht ist das große Thema gerade die Raumfahrt. Oder Dinosaurier sind beliebt. Nach solchen Themen der Kinder können wir unsere Angebote richten: Ausflüge planen, Bücher aus der Bibliothek ausleihen und Bilder gestalten lassen.

Wir können den Jahreslauf als Anlass nehmen, um Aktivitäten mit unseren Kindern zu planen: Im Frühling werden Blumen bestaunt, im Sommer Früchte gepflückt und eingekocht, im Herbst Blätter, Pilze und Kastanien gesammelt, im Winter Tiere gefüttert. Wir können uns an Ereignissen im Jahr orientieren, an Festen und Bräuchen.

Oder wir sehen, dass unser Kind gerade neue motorische Fähigkeiten entwickelt, und gehen draußen herausfordernde Wege mit ihm: Wir suchen neue Spielplätze, an denen es sich auf andere Weise ausprobieren kann, und erweitern unsere persönliche Schatzkarte der Alltagsplätze, suchen einen Park oder Waldweg, der eine Vielzahl von Bewegungen zulässt. Wir können dabei Wege vorgeben, die wir mit unseren Kindern gehen, aber das Tempo und die Gestaltung übernehmen sie selbst.

Wie auch immer wir den Alltag für unsere Kinder gestalten und ausfüllen, es geht immer um das Gefühl, das wir unseren Kindern dabei vermitteln: Sind wir gerne mit ihnen zusammen, beachten und wertschätzen wir sie und kommen wir ihren Bedürfnissen nach? Alle Unternehmungen und Angebote sind nur Aktivitäten, bei denen es letztlich darum geht, unser Kind zu erkennen und wahrzunehmen Das ist es, was vor allem im Alltag zählt. Denn all das, was unser Kind spürt, all die Gefühle und Eindrücke, sind sein Alltag. Es zählt nicht, ob wir etwas mit guter Absicht tun, sondern es zählt das, was bei unserem Kind ankommt, was es dabei fühlt. Das ist sein Alltag – nicht unsere Gedanken.

Es ist nicht immer alles Bullerbü

Doch natürlich gibt es auch Zeiten, in denen all das schwerfällt. Zeiten, in denen wir unsere Kinder als anstrengend empfinden, weil wir keine Antworten auf ihre Fragen haben oder
keine Energie für ihre Spiele oder mit unseren Gedanken ganz
woanders sind. Alltag bedeutet nicht nur, dass wir mit leicht
mehlbestäubter Schürze lächelnd in der Küche stehen und mit
unseren Kindern Plätzchen ausstechen. Alltag bedeutet gute
und schlechte Zeiten.

Und genau das brauchen Kinder auch. Sie brauchen einen
Alltag, der ihnen die Vielfalt des Lebens zeigt und auch Langeweile zulässt. Ein Alltag, der nicht nur aus Aktivität und Spiel
besteht, sondern auch aus Langeweile, die wieder Raum lässt
für neue Entdeckungen. Ein Alltag, in dem auch die Eltern authentisch sind und ihnen zeigen, was sie gerne mögen und was
nicht. Wir müssen nicht perfekt sein, sondern nur gut genug für
unsere Kinder.[31] Wir müssen nicht alle Spiele und Spielsachen
und Lieder mögen, die unsere Kinder mögen, und wir sind nicht
dafür da, um sie in jeder freien Minute zu bespaßen. Wir sind da,
um ihnen den Rahmen zu geben, den sie selbst ausfüllen dürfen
mit dem, was ihnen Freude macht. Wir eröffnen als Eltern Möglichkeiten und machen keine für alle verpflichtenden Angebote.

Schwierige Tage

An manchen Tagen reicht die Kraft aber nicht aus. Das ist nicht
schlimm. An manchen Tagen können wir uns einfach aufs Sofa
legen und unseren Kindern sagen, dass wir keine Energie oder
Lust haben. Es wird wieder andere Tage geben. An manchen Tagen sind wir vielleicht auch ungerecht und schlecht gelaunt –
auch das ist ganz normal und gehört zu unserem Leben dazu.
Wir alle sind Menschen und fühlen und leben. Das Besondere
ist jedoch, dass wir uns dessen bewusst werden. Wir denken

darüber nach, dass es gerade nicht gut läuft, und überlegen uns Möglichkeiten, wie es besser werden kann. Wir reflektieren.

Bestenfalls erfahren wir dabei, dass unsere Ansprüche einfach oft zu hoch sind, denn neben dem Elternsein sind wir auch einfach noch wir selbst mit unseren eigenen Bedürfnissen und Wünschen. Als Eltern übersehen wir viel zu häufig, dass der Familienalltag eben nicht nur ein Kinderalltag ist, sondern der eines ganzen Systems, dem es gut gehen muss. Unser aller gemeinsamer Alltag ist ihre Kindheit. Und eine geborgene Kindheit ist nur dann möglich, wenn der Alltag für alle gut ist und sich alle darin wohlfühlen – nicht nur die Kinder.

An Tagen mit schlechter Laune sollten wir deswegen den Gründen auf die Spur kommen. Es sind meistens nicht die Kinder, denn oft spiegelt das Verhalten unserer Kinder nur uns selbst, und sie zeigen uns oder verstärken, was wir schon an diesem Tag in die Beziehung mitbringen. Diese Erkenntnis ist nicht leicht, denn sie bedeutet, dass wir etwas an *uns* oder *unserem* Alltag ändern müssen, denn im Alltag mit unseren Kindern begegnen wir uns immer wieder selbst.

Was ist unser Ziel?

Wenn wir merken, dass unser Alltag in eine Schieflage kommt und die Tage nicht mehr schön werden und sich nur noch ein schlechter Tag an den anderen reiht, ist es Zeit, nach anderen Lösungen zu suchen. Warum sind wir nicht glücklich? Was fehlt uns dazu? Oft sind es nicht die Kinder, die etwas falsch machen oder anstrengend sind, sondern unsere eigenen Erwartungen und unser fehlender Blick auf uns und unsere Bedürfnisse. Kindliches Verhalten macht Sinn, können wir uns erinnern, und Kinder wollen uns nicht absichtlich ärgern.

Die Gründe für einen stressigen Alltag liegen oft in einer falschen Organisation und ganz besonders oft in zu wenig Unterstützung. Wenn wir also langfristig unglücklich werden mit unserem Familienalltag, müssen wir ihn ändern und uns mehr Hilfe holen und Menschen, mit denen wir auf Augenhöhe sprechen können.

Manchmal ist es hilfreich, sich wieder neu auszurichten und darauf zu blicken, was uns wirklich wichtig ist in unserem Leben. Hierfür können wir uns Zeit am Abend nehmen und darüber nachdenken, auf welch ein Leben wir letztlich zurückblicken möchten, was unsere Kinder am Ende unseres Lebens über uns sagen sollen, was unsere Partner über uns sagen sollen und was wir selbst sagen möchten. Was ist unser Ziel für das Leben mit unserer Familie? Diese Gedanken können uns helfen, wieder auf den Weg zurückzufinden, den wir gemeinsam gehen wollten und gerade aus den Augen verloren haben.

Zehn Anregungen für den Alltag mit Kindern

◇ Stelle einen Jahreskalender zusammen mit Ideen, an denen ihr euren Alltag ausrichten könnt: Er kann sich am Jahreslauf orientieren oder an (religiösen oder heidnischen) Festen.

◇ Wenn dir die Alltagsgestaltung schwerfällt, sammle deine Ideen: Mache Karten oder Listen mit den schönsten Spielplätzen und Orten, lagere Angebote aus wie ein Mittagessen als Picknick im Park, suche Bibliotheken in der Umgebung und andere (kostenfreie) Angebote.

◇ Auch ein Wochenplan kann eine gute Hilfe im Alltag von Familien sein, wenn ihnen ansonsten Inspirationen fehlen.

◇ Draußen fällt vieles leichter mit Kindern: Wenn der Alltag zu Hause stressig wird, einfach hinausgehen und die Kinder laufen und toben lassen.

◇ Kinder brauchen keine extra Freizeitangebote wie Kurse und Workshops, wenn wir ihnen einen Alltag nach ihren Bedürfnissen anbieten. Wenn es Eltern jedoch entlastet, können Kurse eine gute Bereicherung sein.

◇ Alltag bedeutet, Gemeinschaft zu erfahren. Kinder brauchen andere Menschen. Schön, wenn diese Notwendigkeit auch mit einer Entlastung der Eltern verbunden wird und man sich mit der Betreuung von Kindern abwechseln kann. Besonders für Familien mit nur einem Elternteil kann das sehr unterstützend sein.

◇ Alltag ist Alltag. Nicht jeder Tag muss mit einem bunten Programm angefüllt sein. Oft sind es die einfachen, kleinen Erlebnisse und Routinen, die das besondere Gefühl des Zu-Hause-Seins entstehen lassen.

◇ Auch schlechte Tage gehören zum Leben dazu. Oft sind unsere Ansprüche an uns selbst zu hoch, wenn wir denken, jeder Tag müsste wunderbar sein. Es lohnt sich zu ergründen, woher unsere hohen Ansprüche kommen und wie wir sie beiseiteschieben können: Haben wir falsche Vorbilder? Lassen wir uns zu sehr beeinflussen? Oder sind es Bilder aus der eigenen Kindheit, die uns bedrängen?

◇ Du bist eine gute Mutter oder ein guter Vater – auch wenn du nicht jeden Tag die beste Laune hast.

◇ Eine geborgene Kindheit bemisst sich nicht nach den tollsten, teuersten und häufigsten Aktivitäten, sondern ist einfach das Gefühl, ein sicheres, gutes, emotionales Zuhause zu haben.

♡ Wie tief ist das Wasser? Probieren wir es mal mit einem Stock aus!

♡ Taschengeld ist wichtig – auch wenn es nur kleine Beträge sind.

♡ Kleine Obstmahlzeiten zusammen zubereiten <3

♡ Tipp: Die eigenen Kunstwerke selber aufhängen an einem Klemmbrett an der Wand.

Kinderbetreuung und Kinderbegleitung

Unsere Kinder im Alltag zu begleiten, ist nicht immer einfach. Je größer sie werden, desto größer werden die Anforderungen an den Alltag und desto vielfältiger sollte er gestaltet sein. Der Weg, den wir mit unseren Kindern gehen, ist nicht glatt, sondern sie wollen oft lieber einen verschlungenen Abenteuerpfad entlanglaufen, an dem sie sich ausprobieren können. Doch wir Erwachsenen laufen vielleicht nicht immer gerne auf diesem Abenteuerpfad mit, denn unsere eigene Kindheit liegt schon hinter uns. Manchmal wünschen wir uns, dass wir weniger mit unseren Kindern und mehr mit Menschen unseres Alters im Gespräch sein können. Nicht, weil das Leben mit unseren Kindern nicht schön wäre oder weil wir sie nicht unendlich lieben würden. Sondern einfach, weil es das ist, was wir brauchen: Menschen, die uns unterstützen und mit denen wir reden können über all die Dinge, über die wir reden wollen. Und das können wir mit Kindern nicht immer.

Eine Betreuung und Begleitung jenseits von Freunden und Familie?

Es gibt Eltern, die den Alltag mit ihren Kindern lieben und keine »Freizeiten« ohne sie benötigen, die gerne zu Hause sind, kochen, basteln und die Gemeinschaft der Familie eng miteinander leben wollen. Eltern, die sehr wahrscheinlich auch ein gutes Netz um sich haben, um eben gerade nicht allein zu sein, und auch erwachsene Gesprächspartner um sich haben neben den Kindern. Eltern, die auch ihre Erwerbstätigkeit so gestalten können, dass sie länger pausieren oder die Arbeit gut mit der Begleitung der Kinder im Alltag vereinbaren können. Oft haben diese Familien auch weitere Kontakte für die Kinder. Sie haben ein »Dorf« um sich: eine Gemeinschaft von Menschen unterschiedlichen Alters, die sich gegenseitig unterstützen. Für diese Familien ist es oft nicht notwendig, die Kinder von anderen Menschen außerhalb dieser Gruppe betreuen zu lassen. Sie haben sich einen eigenen Betreuungsraum geschaffen, in dem alle Mitglieder zufrieden sind. Kinder brauchen keine Krippen oder Kindergärten. Sie entwickeln sich nicht per se schlechter, wenn sie nicht institutionell betreut werden und andere Möglichkeiten haben, ihre Bedürfnisse ausleben zu können.

Kinder können aber auch einen Kindergarten besuchen. Für viele Familien ist der Kindergartenbesuch eine hilfreiche, notwendige und schöne Ergänzung zum Familienalltag. Denn natürlich gibt es auch Eltern, die anders leben als die oben genannten. Viele leben auch ohne die unterstützende Ursprungsfamilie oder ein anderes Netzwerk. Oder sie wollen ihrer Erwerbsarbeit, die nicht mit der Begleitung der Kinder zu Hause vereinbar ist, schon bald nach der Geburt wieder nachgehen. Vielleicht gibt es auch einfach nicht den finanziellen Spielraum, der einen langen Berufsausstieg ermöglicht. Viele Eltern haben in ihren Berufen keine Wahl, diesem vorgegebenen Modell zu entgehen, denn unser Gesellschaftssystem befürwortet es sehr, Kinder schon ab dem ersten Geburtstag in die außerfamiliäre Betreuung zu geben.

Beide Alltagswelten gibt es in unserer Umgebung: Kinder, die zu Hause betreut werden und Kinder, die in eine Einrichtung oder Tagespflege gehen. Die Gründe hierfür sind so unterschiedlich wie wir Familien es eben alle sind. Und jede Familie kann auch hier wieder einen ganz eigenen Weg finden, der speziell zu ihr passt. Es gibt keine »richtige« oder »falsche« Entscheidung, sondern nur die jeweils passende.

Hilfe »einkaufen«

Wenn wir die Familienbedürfnisse nicht durch unsere eigenen Strukturen auf natürliche Weise erfüllt bekommen, müssen wir sie heute einkaufen: Wir bezahlen Menschen, die unsere Wohnungen reinigen, solche, die Einkäufe nach Hause bringen, und die, die auf unsere Kinder aufpassen, wenn wir es nicht können oder wollen. Wir kaufen uns ein Dorf ein, das uns unterstützt. Ob das der richtige Weg ist, ist nicht immer klar. Denn auch wenn wir Dienstleistungen einkaufen, können wir nicht per se Beziehungen einkaufen. Eine gute Bindung ist nicht käuflich. Doch anders als bei dem Menschen, der uns den Einkauf nach Hause bringt, brauchen wir eine Beziehung zu dem Menschen, der unser Kind im Alltag an unserer Stelle begleitet. Erzieher und Erzieherinnen sind speziell dafür ausgebildet, eine Bindung zum Kind und zu uns als Eltern aufzubauen. Sie sind in gewisser Weise Bindungs-Fachleute. Und doch muss es individuell passen und nicht jede Erzieherin ist trotz Ausbildung oder Studium die richtige Person für unsere Familie.

Unsere Beziehung zu unseren Kindern ist so eng, dass wir hohe Erwartungen an die Menschen haben, die an unserer Stelle oder anstatt enger Familienmitglieder mit unseren Kindern zusammen sind. Vielleicht gerade deswegen, weil wir sie als Profis mit der Betreuung unserer Kinder beauftragen und sie speziell dafür ausgebildet sind. Doch durch die Fremdheit, die zunächst mitschwingt, ist diese Betreuungsform störanfällig. Es sind nicht wir, es ist nicht unsere Familie, es sind nicht unsere Freunde. Im ersten Moment sind es fremde Menschen, die von nun an für unser Kind zuständig sind. Es ist unsere und ihre Aufgabe, uns gegenseitig zu Vertrauten zu machen zum Wohle des Kindes.

Immer individuelle Lösungen suchen

An dieser Stelle soll es keine Diskussion darum geben, ob Kinder außerhalb von Familie oder Freunden betreut werden sollten. Es gibt Untersuchungen, die zeigen, dass Kinder durch den Besuch eines guten Kindergartens Vorteile in ihrer Entwicklung erfahren können. Es gibt auch Untersuchungen, die zeigen, dass der Besuch eines Kindergartens für Kinder negative Auswirkungen hat. Und es gibt Untersuchungen, die sagen, dass Untersuchungen keine Aussagekraft haben. Doch die wichtige Frage ist an dieser Stelle, wann eine Familie Unterstützung durch andere braucht und welche Auswirkungen ein Umfeld hat, das Kindern und Eltern nicht gerecht wird.

Kinder brauchen all die Dinge, die wir in den vergangenen Kapiteln gesammelt haben. Viele Kinder brauchen vor allem andere Kinder unterschiedlichen Alters, mit denen sie sich gemeinsam im Alltag erproben können. Und Erwachsene brauchen Erwachsene und Aufgaben, in denen sie aufgehen können. Sind diese Rahmenbedingungen in einer Familie erfüllt, ist es wunderbar. Für manche Familien funktioniert das aber (zeitweise) einfach nicht. Auch das ist eigentlich ganz normal. In diesem Fall müssen Alternativen gefunden werden. Wir sind aktuell weit davon entfernt, dass Eltern in der Gesellschaft die Unterstützung bekommen, die sie brauchen und die wirklich hilfreich wäre. Das beginnt ganz am Anfang bei der Geburt und der immer schlechteren Versorgungsmöglichkeit mit den für den Familienstart so wichtigen Hebammen und geht über die Wochenbettversorgung weiter durch die gesamte Elternschaft, beispielsweise auch die möglichen kinderbedingten Krankheitstage beim Arbeitgeber betreffend. Eltern sind heute in vielen Punkten auf sich gestellt, obwohl sie wesentlich mehr Unterstützung benötigen würden. Ein Kitaplatz kann eine solche Unterstützung sein und zumindest punktuell auffangen, wo es an vielen Unterstützungsstellen mangelt. Welchen Bedarf an Unterstützung eine Familie hat, können wir von außen pauschal nicht bemessen. Einige Familien benötigen mehr Hilfe, andere weniger. Das System Familie funktioniert nur dann, wenn es allen Beteiligten gut geht, aber wie es den Beteiligten gut geht, kann von Familie zu Familie unterschiedlich aussehen.

Das Kind einem anderen anvertrauen

Es ist nicht einfach, einen Ersatz für die Begleitung der eigenen Kinder zu finden – für uns selbst nicht, weil andere Menschen eben immer andere Menschen sind, die nicht gemeinsam mit uns aufgewachsen sind, und für unsere Kinder auch nicht, weil andere Menschen immer andere Menschen sind und auch nicht mit ihnen aufgewachsen sind. Es ist möglich, andere Menschen dazuzuholen zur eigenen Familie, zum eigenen Dorf. Wir alle kennen es, dass Freunde in gewisser Weise Familie werden können, sie vielleicht sogar ersetzen. Und genauso sollte das auch sein, wenn wir unsere Kinder von anderen Menschen außerhalb des nahen Umfelds betreuen lassen: Wir sollten den Willen aufbringen, diese Menschen zu einem Teil unseres Lebens werden zu lassen – und andersrum.

So, wie wir unsere Kinder heute nicht mehr einfach körperlich an der Tür eines Kindergartens an einen anderen übergeben, sollten wir sie auch emotional nicht abschieben. Wir stellen eine neue Verbindung zu einem Menschen her, der fortan unser Leben begleitet. Dem Menschen, der unser Kind auf einem Teil seines Weges an unserer Stelle an die Hand nimmt und begleitet. Dieser Mensch erfährt durch unser Kind viele Dinge aus unserem Leben: Welche Unterhose Papa heute trägt und dass Mama auch in der Nase bohrt. Denn Kinder erzählen den Menschen, mit denen sie viel Zeit verbringen von dem Leben, das sie leben.

Eltern sind Teil der Beziehung zwischen Kind und Erzieher

und Erzieherinnen. Sie bilden ein Beziehungsdreieck. Das ist
die ganz wichtige Grundvoraussetzung, die wir uns vor Augen
halten müssen, wenn wir unser Kind anderen Menschen anvertrauen. Kinderkrippe oder Kindertagespflege oder Kindergarten geht nicht ohne Beziehung zwischen Eltern und begleiten-
dem Erwachsenen. Langfristig kann es unseren Kindern auch
nur dann gut gehen, wenn wir zusammenarbeiten. Dabei können wir durchaus in dem einen oder anderen Punkt ein wenig
unterschiedlich handeln, aber der rote Faden unseres Handelns
sollte stimmen.

Den richtigen Ort und die richtige Person finden

Mittlerweile gibt es einige Qualitätsmerkmale, an denen wir Eltern uns orientieren können: Es gibt Gütesiegel für Kitas. Eva-
luationen durch externe Personen sollen Krippen, Tagespfle-
gestellen und Kitas transparenter machen und ihnen helfen,
sich weiterzuentwickeln. Die Bedeutung einer guten Qualität
in der Begleitung von Kindern ist in der Gesellschaft angekommen. Doch in der Umsetzung der Qualität ist an manchen
Stellen noch viel zu tun, und das Qualitätsmanagement ist an
vielen Stellen noch unzureichend.[32] Denn eine jährliche Über-
prüfung oder eine Plakette an der Hauswand garantiert uns
noch nicht, dass dieser Kindergarten auch wirklich zu uns und
unserer Familie passt und dass wir dort Menschen finden, die
uns im alltäglichen Abenteuer Kindheit ergänzen können. Kon-
zepte und Kriterien sind eine Richtschnur, an der sich Tages-
pflege/Krippe/Kindergarten orientieren, an dem das Soll ausgerichtet ist. Über das Ist müssen wir uns jedoch auch selbst
ein Bild machen und entscheiden, ob genau dieser Ort der richtige ist.

Gerade beim ersten Kind ist es nicht immer einfach, einen
passenden Platz und passende Menschen zu finden. Lange
Wartelisten mancherorts und der zeitliche Druck, in den Job

zurückzumüssen, machen es einem nicht gerade leicht, wirklich offenen Auges und Herzens an die außerfamiliäre Betreuung heranzugehen. Mancherorts sind Anmeldungen schon während der Schwangerschaft erwünscht – wenn noch nicht einmal die Vorlieben und das Temperament des Kindes bekannt sind und man selbst noch nicht wissen kann, wie es sich anfühlt, das Kind loszulassen.

Was passt zu meinem Kind?

Ist mein Kind aktiv und naturverbunden und daher vielleicht ein Waldkindergarten die richtige Lösung? Ist es besonders kreativ, bastelt und malt gerne und bräuchte einen Ort, der hier Schwerpunkte setzt? Oder liebt es die Musik, und ein Musikkindergarten wäre genau passend? Wir haben heute die Wahl zwischen einer großen Vielfalt an pädagogischen Richtungen wie Montessori, Waldorf, Situationsansatz, Reggio etc. Jeder pädagogische Ansatz hat unterschiedliche Schwerpunkte bei der Gestaltung des Alltags und wirkt sich zum Teil auch auf das Spielmaterial vor Ort und die Abläufe und Rituale aus.[33] Schnell geraten wir in die Denkschiene »Wo wird mein Kind am besten gefördert?«, anstatt darüber nachzudenken, was am besten zum jeweiligen Kind passt und seinen eigenen Bedürfnissen entgegenkommt.

Bildung kommt nach der Bindung, und wir lernen nur dann gut und nachhaltig, wenn wir uns wohlfühlen. Nur da kann ein Kind wirklich nachhaltige Erfahrungen sammeln, wo es sich wirklich sicher und angenommen fühlt. Deswegen sollten wir bei der Auswahl der Einrichtung nicht über das nachdenken, was das Kind dort alles Neues lernen könnte, und auch nicht, was uns ganz persönlich am besten gefällt, sondern darüber, was dort vorhanden ist, was unser Kind wirklich lieben wird, weil es seinen Neigungen entspricht. Das können auch Kleinigkeiten sein: das Trampolin im Garten, das Aquarium im

Gruppenraum. Gerade diese können das Ankommen erleichtern, Bedürfnisse aufgreifen und so eine Hand zum Übergang anbieten.

Krippe, Kindergarten oder Tagespflege können wunderbar ausgestattet sein, die besten und neuesten und pädagogisch wertvollsten Spielmaterialien haben, kleine Toiletten, die von Kindern ohne großen Aufwand selbst benutzt werden können, und ein ausgewogenes Bioessen. Sie können einen wunderbaren optischen Eindruck auf uns machen – und dennoch müssen sie nicht der richtige Platz für unser Kind sein. Denn noch mehr als auf die Ausstattung kommt es auf die Interaktion an, auf das Miteinander und die Beziehung.

Entscheidend ist die Beziehungsebene

In den vorangegangenen Kapiteln haben wir gesehen, dass Kinder für ihre Entwicklung nicht wirklich viele Dinge brauchen. Doch was sie immer brauchen, sind verlässliche und gute Beziehungen. Das ist es auch, worauf wir beim ersten Besuch achten sollten: Wie gehen die Erwachsenen mit den Kindern und miteinander um? Und wie verhalten sich die anderen Kinder in der Gruppe?

Wenn wir unser Wissen darum, was Kinder wirklich brauchen, in eine Gruppe von mehreren Kindern mitnehmen, sehen wir recht schnell, ob Kinderbedürfnisse erfüllt werden: Wir sehen es daran, ob Kinder wirklich in ihr Spiel versunken sein können oder doch eher ziel- und wahllos durch die Gegend laufen. Wir sehen es daran, ob sie selbstständig Räume und Materialien erkunden dürfen und kreativ sein können oder ob nur die immer gleichen Fensterbilder, die von allen auf gleiche Weise gestaltet wurden, an den Fenstern hängen. Wir sehen es daran, wie Kinder untereinander mit Konflikten umgehen, ob sie eigene Lösungen finden können und von den Erwachsenen im Bedarfsfall unterstützt werden. Vielleicht ist es sogar die beste

Idee, an einem solchen Ort zuallererst auf die Kinder und ihr Verhalten zu achten und erst dann auf die Erwachsenen.

Zeit für die Eingewöhnung

Wenn wir einen Ort gefunden haben, der unseren Erwartungen – und vor allem den Bedürfnissen unseres Kindes – entspricht, beginnen wir damit, ein neues Band zu flechten: Wir knüpfen ein Beziehungsband zu einer neuen Person, die nun zu einer oder einem Vertrauten des Kindes wird.

Ein Beziehungsband zu knüpfen, das wissen wir eigentlich aus eigener Erfahrung mit Freunden und Partnern, braucht Zeit. Es braucht weitaus mehr als nur die Eingewöhnungszeit. Joachim Bensel spricht davon, dass die Eingewöhnung eines Kindes ein Jahr lang dauert. Wir gehen immer davon aus, dass das Kind für ein paar Wochen in diesen neuen Zustand begleitet wird und dann eine sichere neue Beziehung aufgebaut hat, die es durch den Alltag trägt. Das suggeriert uns das Wort »Eingewöhnung«. Tatsächlich aber braucht das Kind viele positive Erlebnisse und viele gemeinsame Interaktionen, um wirklich eine tragfähige neue Beziehung aufzubauen. Es braucht mehr als einige Tage oder Wochen, um die Ausrichtung auf die bisher immer vorhandenen Eltern verändern zu können. Kinder benötigen Zeit für eine Umgewöhnung, und wir sollten ihnen diese geben.

Das bedeutet auch, dass wir ihre Bedürfnisse immer wieder im Blick haben und verstehen, dass diese neue Form der Begleitung im Alltag wirklich fremd und neu und anders ist und dass unsere Kinder deswegen auch ein Recht darauf haben, dass sie erschöpft sind, dass sie quengelig sind, dass sie mehr Nähe und Zuwendung von uns brauchen als zuvor. Sie verändern gerade ihr gesamtes Leben, ihre Beziehungen und ihren Tagesablauf. Es ist, als würden wir in ein fremdes Land ziehen und müssten uns dort mit all den neuen Dingen arrangieren, die auf uns zukommen – nur dass wir eben Erwachsene sind und sie noch Kinder.

Das Knüpfen einer neuen Beziehung zu einem bisher unbekannten Menschen dauert Zeit und muss sorgsam nach und nach erfolgen anhand von gemeinsamen Aktivitäten und der zunehmenden Gewissheit, dieser neuen Person vertrauen zu können. Doch das Kind gewöhnt sich nicht einfach nur irgendwo ein, es muss vielmehr ein gegenseitiger Prozess der Annäherung stattfinden, bei der auch die erwachsene Person sich auf das Kind und seine Bedürfnisse zubewegt. Das kann bedeuten, dass Rituale und Abläufe aus dem Familienalltag übernommen oder angepasst werden.

Anders als die Kinder können sich Eltern meist leichter an bestehende Strukturen anpassen, doch auch sie bringen ihre eigenen Erwartungen an die neue Situation und an den Umgang mit ihnen und ihren Kindern mit. Auch sie müssen dort abgeholt werden, wo sie mit ihren Bedürfnissen stehen. Manche Eltern benötigen mehr Gespräche, wollen mehr über den Ablauf und das Verhalten des Kindes erfahren, andere weniger.

Deswegen kann es in Hinblick auf die »Eingewöhnung« keinen immer gleichen Fahrplan geben. Kinder sind unterschiedlich und bringen ihr eigenes Temperament mit ebenso wie Eltern. Hierdurch ergibt sich eine große Bandbreite an Kombinationsmöglichkeiten und unterschiedlichen Anforderungen, die alle berücksichtigt werden wollen. Eine gute Begleitung außerhalb der Familie zeichnet sich dadurch aus, dass diese Bedürfnisse ihren Raum finden. Jedes Kind und jede Familie braucht genau so lange, wie sie eben braucht.

Gehen wir deswegen davon aus, dass es nicht ein für alle gleiches Zeitfenster gibt, in dem Eingewöhnung stattfinden kann. Vielleicht sollten wir es eher wie den errechneten Geburtstermin betrachten: als einen möglichen Mittelwert, um den herum das Kind eine noch recht instabile, aber zunächst ausreichende neue Beziehung aufgebaut hat. Wer eine Eingewöhnung plant, sollte diesen zeitlichen Aspekt immer berücksichtigen: Es kann dauern!

Es ist für alle Beteiligten ungünstig, von einer Eingewöhnung innerhalb einer bestimmten Wochenanzahl auszugehen und das Startdatum der Rückkehr in den Job genau mit diesem Datum zu verbinden. Ein zu straffes Zeitprogramm oder ein zeitlicher Druck im Nacken setzt Erzieherinnen, Kind und Eltern unter Spannung und führt zu erhöhtem Stress, der sich wiederum negativ auswirken kann. Deswegen sollte von Anfang an genügend Zeit eingeplant werden, und wer in den Job zurückkehrt, sollte nach einer Möglichkeit suchen, wie die für das Kind notwendige Eingewöhnungszeit berücksichtigt werden kann.

Und wenn es doch nicht passt?

Dann passt es nicht. Es ist eigentlich eine ganz logische Folge: Wenn sich unser Kind nicht wohlfühlt, wenn es über einen längeren Zeitraum unglücklich ist oder sich im Verhalten stark negativ verändert oder wenn wir Eltern das Gefühl haben, dass wir nicht angenommen und wertgeschätzt werden oder das Kind dort nicht richtig aufgehoben ist, dann ist dies nicht der richtige Ort.

Selten tun sich Eltern so schwer wie mit dem Gedanken, dass sie den Ort der Kinderbetreuung wechseln müssen. Denn: Ja, der Wechsel einer Betreuung ist schwierig. Kind und Eltern müssen wieder neue Beziehungen aufbauen, wenn sie überhaupt erst einmal einen neuen Ort gefunden haben. Auch die Frage danach, wie eine erneute Eingewöhnung zeitlich gestaltet werden kann, wenn die Eltern wieder in den Beruf zurückgekehrt sind, ist schwierig, und es gibt hierfür bislang keine gesetzlich verankerte Lösung. Auch dass diese Möglichkeit fehlt, zeigt uns, wie

wenig Bedeutung diesem Übergang und der wirklich passenden
Lösung in unserer Gesellschaft beigemessen wird.

Doch leider ist die Qualität der Betreuung und Begleitung
nicht überall gut. Auch wenn das Platzangebot in den vergangenen Jahren ausgebaut wurde, hat sich die Qualität nicht gleichermaßen entwickelt.

Wir sind die Lobby unserer Kinder

Wenn wir einen Arbeitsplatz haben, an dem wir schlecht behandelt werden, an dem wir nicht angemessen unseren Bedürfnissen nachkommen können (etwa wenn wir nicht jederzeit die Toilette aufsuchen dürfen beziehungsweise wenn man
dem Kind nicht bedarfsgerecht die Windel wechselt) oder wo
wir keinen Anschluss bei den Kollegen finden, dann werden
wir uns sehr wahrscheinlich einen anderen Arbeitsplatz suchen.
Kinder haben diese Möglichkeit nicht.

Sie können ihr Unbehagen nur dadurch ausdrücken, dass sie
ihr Verhalten verändern oder uns ihren Wunsch mitteilen. Und
wir Erwachsenen sind die Lobby unserer Kinder und müssen ihre Bedürfnisse und Wünsche ernst nehmen. Wir müssen ihnen und ihren Gefühlen vertrauen. Kindliches Verhalten macht
Sinn: Wenn sie uns zeigen oder sagen, dass sie wirklich über einen längeren Zeitraum hinweg unglücklich sind und dies das
normale Maß der Umgewöhnung übersteigt, ist das ein Hilfe-
ruf des Kindes, und wir müssen ihn ernst nehmen. Wenn sie
täglich viele Stunden an einem Ort verbringen, dann müssen
sie dort glücklich sein. Das ist der Alltag unserer Kinder, das ist
ihre Kindheit. Wir können es uns nicht schönreden mit besseren
Zeiten am Nachmittag, wenn sie am Vormittag nicht gut versorgt sind. Natürlich gibt es immer Punkte, die im Kindergarten
anders sind als zu Hause – schon allein durch die Rahmenbedingungen und den Erzieher-Kind-Schlüssel. Kleine Veränderungen beeinflussen unsere Kinder nicht negativ, sondern kön-

nen eine Inspiration sein und Kinder können, wie wir gesehen haben, solche Unterschiede im Verhalten von Bezugspersonen tolerieren und in ihre Entwicklung integrieren. Aber das große Ganze sollte richtig und stimmig sein.

Es gibt sicherlich noch viel Aufklärungsbedarf diesbezüglich in unserer Gesellschaft, und es braucht mehr Eltern, die sich wirklich zutrauen, diesen »radikalen« Weg zu gehen. Doch dieses Feedback an die aktuelle Kinderbetreuungssituation ist wichtig als Impuls für eine gesamtgesellschaftliche Veränderung.

Wenn wir unsere Kinder außerhalb der Familie oder außerhalb des Freundeskreises von anderen Menschen begleiten lassen, müssen sie sich dort wohlfühlen, und wir müssen als Eltern das Gefühl haben, dass es ihnen wirklich gut geht. Nur so kann eine Betreuung außerhalb der Familie auch tatsächlich eine Entlastung des Alltags sein.

◇ ◇ ◇ ◇ ◇ ◇ ◇

Gedanken zur Betreuung außerhalb der Familie

◇ Dein Kind einem anderen Menschen anzuvertrauen bedeutet, dass auch du eine Beziehung zu diesem Menschen aufbauen musst.
◇ Den richtigen Ort und die richtige Person bestimmt dein Kind.
◇ Versuche den Ort vorurteilsfrei durch die Augen eines Kindes zu betrachten und lass dich nicht von materiellen Dingen blenden, sondern beachte vor allem die Interaktionen.
◇ Das müssen der richtige Ort und die richtigen Personen für euch mitbringen: passende Öffnungszeiten, liebevolle und bedarfsgerechte Begleitung, gleichermaßen herausfordernde und sichere Räume/Umwelt, gute Erreichbarkeit für euch (Wohnortnähe ist auch

sinnvoll wegen der Freunde, mit denen sich das Kind nachmittags treffen möchte), Befriedigung der kindlichen Bedürfnisse, ausreichend Platz, Transparenz.

◇ Der Erzieher-Kind-Schlüssel ist von wesentlicher Bedeutung für das Erleben des Kindes: Die Deutsche Liga für das Kind schreibt in ihrem Positionspapier: »Je jünger die Kinder sind und je altershomogener die Gruppe zusammengesetzt ist, desto kleiner muss die Gruppe sein. Altershomogene Gruppen: sechs Kinder pro Gruppe bei unter Zweijährigen; acht Kinder pro Gruppe bei Kindern zwischen zwei und drei Jahren. Altersgemischte Gruppen: 15 Kinder pro Gruppe (darunter nicht mehr als fünf Kinder unter drei Jahren). Gehören Kinder unter einem Jahr der altersgemischten Gruppe an, so umfasst die Gruppe nicht mehr als zehn Kinder.« Gerade bei kleinen Kindern, die einen hohen Anteil an Pflegebedarf haben mit Windelwechsel und gegebenenfalls Füttern und die natürlich viel körperliche Zuwendung brauchen und auch oft getragen werden wollen, ist ein möglichst kleiner Schlüssel von großer Bedeutung.

◇ Die Erzieher und Erzieherinnen sollten auch beständig dort sein und nicht beliebig ausgetauscht werden. Denn es geht nicht nur um die Anzahl, sondern auch um die Beziehung und das Vertrauen.

◇ Mach dir eine Liste für die Suche nach einer geeigneten Begleitung deines Kindes: Dort kannst du notieren, wie dein Kind ist und was es braucht, und dies abgleichen mit den Möglichkeiten vor Ort. Es gibt auch vorgefertigte Checklisten als Ergänzung.[34]

◇ Plane immer ausreichend Zeit für die »Eingewöhnung« ein und hospitiere nach Möglichkeit vorab in der Gruppe oder besuche die zukünftige Gruppe (mehrmals)

auf dem Spielplatz, um einen Eindruck von den Interaktionen zu bekommen.

◇ Das Kind kann keine gute Beziehung herstellen zu einer Person, die du ablehnst.

◇ Wenn du spürst, dass die Begleitung deines Kindes
nicht richtig ist und ihm nicht guttut, oder wenn du
dich als Person abgelehnt fühlst, suche das Gespräch
mit den Erziehern und Erzieherinnen. Wenn es keine
Besserung gibt, solltest du einen anderen Ort mit anderen Personen für euch suchen.

♡ »Schau mal! Wenn ich reinsteige,
läuft das Wasser über!«

♡ Sei frei und wild und wunderbar. Rennen
durch den Wald tut gut.

♡ Glücksmomente <3 in Bildern oder Notizen sammeln.

♡ Kleine Entdecker

Eigene Bedürfnisse achten

Wenn wir unsere Kinder durch das Leben begleiten, begleiten sie auch uns auf einer Reise. Wir brechen gemeinsam auf in eine neue Zeit, deren Ziel wir meistens nicht so genau kennen. Wir haben einen Leitstern, nach dem wir uns ausrichten, aber meistens keinen direkten Weg. Wir gehen Umwege, erleben Abenteuer, bewältigen Durststrecken und hüpfen an anderen Tagen leichtfüßig barfuß durch sattes Gras. Neben uns geht derweil ein kleiner Mensch, der immer größer wird auf dieser Reise und lernt, sie immer selbstständiger zu gehen. Bald braucht er schon nicht mehr unsere Hand, bald rennt er schon ein wenig voraus und dann so weit, dass wir ihn manchmal aus den Augen verlieren, bis wir ihn wieder einholen. Wir gehen mit der Zeit gelassener, weil wir Vertrauen aufgebaut haben. Wir werden älter und auch erfahrener. Und wenn wir uns irgendwann umwenden und auf unseren Weg zurückblicken, dann bemerken wir erst, wie sehr sich nicht nur der kleine Mensch neben uns im Laufe der Zeit verändert hat, sondern dass auch wir selbst verändert sind.

Elternschaft verändert uns, Kinder verändern uns. Sie geben uns die Chance, das Beste aus uns herauszuholen, weil wir für unsere Kinder das Beste geben wollen und eine lebenswerte Zukunft für uns alle gestalten möchten. Sie geben uns die Chance, die wirklich wichtigen Dinge im Leben zu erkennen und Entspannung zu lernen, denn im Leben mit Kindern gibt es viele Dinge, die wir nicht ändern können, die wir hinnehmen oder mit denen wir umzugehen lernen müssen. Anders als bei vielen anderen Menschen, die wir im Laufe des Lebens kennenlernen, können wir von unseren Kindern nicht einfach weggehen, können uns nicht einfach und unwiederbringlich von ihnen trennen. Wir bleiben Eltern – selbst wenn wir nicht mit ihnen zusammenleben. Wir sind in gewisser Weise dazu gezwungen, uns damit auseinanderzusetzen, wie man Kompromisse findet und wie man manche Situationen annimmt, obwohl man eigentlich andere Wünsche hatte. Unsere Kinder können uns große Lehrmeister sein in Hinblick auf Kreativität, Spontaneität und Gelassenheit.

Sich selbst nicht vernachlässigen

Aber Elternschaft bedeutet nicht, nur noch auf das Kind zu achten und den eigenen Weg unter den Füßen zu verlieren. Elternschaft kann nur dann glücklich verlaufen, wenn wir auf das gesamte System Familie achten und auch unsere eigenen Wünsche berücksichtigen. Je größer unsere Kinder werden, desto stärker kommen unsere eigenen Bedürfnisse zurück. Dies umso mehr, wenn wir sie zu lange vernachlässigt haben: Fehlende Unterstützung, fehlende Sozialkontakte, fehlender Austausch nagen an »jungen« Eltern und lassen sie mit der Zeit immer unzufriedener und überlasteter werden. Je länger diese natürlichen Bedürfnisse unterdrückt werden, desto größer wird der Wunsch danach, bis er kaum noch aushaltbar ist.

Umbruch nach dem ersten Jahr

Es ist nicht verwunderlich, wenn dann nach dem ersten Jahr ein radikaler Umbruch in der Ausrichtung der Elternschaft stattfindet: Während im Babyjahr die Bedürfnisse des Babys absolut im Vordergrund standen, soll ab dem ersten Geburtstag nun endlich die eigene Freiheit wieder gelebt werden, die Unabhängigkeit wird zurückgewünscht. Eben wurde bindungsorientierte Elternschaft gelebt und nun werden Bedürfnisorientierung, Stil-

len nach Bedarf und Einschlafbegleitung verworfen, denn das
Kind ist ja nun groß …

Ist es aber nicht, und die bindungsorientierte Reise sollte eigentlich noch lange weitergehen, wie wir in den letzten Kapiteln gesehen haben. Doch zwischen dem großen Drang danach, endlich wieder wir selbst zu sein nach einem Jahr voller
Selbstaufgabe – und dies auch von der Gesellschaft vermittelt
zu bekommen –, und der Fähigkeit, auf dem ausgewählten Weg
zu bleiben, scheint eine unüberbrückbare Kluft zu liegen. Das
wird auch von der Hormonumstellung befördert, wenn um den
ersten Geburtstag abgestillt wird. Das »Liebeshormon« Oxyto-
zin, das vielfältige Wirkungen hat, unterstützt auch den Alt-
ruismus, das heißt die Selbstlosigkeit der Mutter: Sie richtet
ihr Verhalten auf das Kindeswohl aus. Auch das Prolaktin, das
beim Stillen ausgeschüttet wird, unterstützt den Nestbautrieb
und führt zu »Geisteszuständen von Untergebenheit und Un-
terwerfung«[35]. Die Hormone, die insbesondere beim Stillen ausgeschüttet werden, bewirken also, dass wir uns besonders auf
das Kind ausrichten. Stillen wir nicht mehr, ändert sich auch die
Hormonverteilung, und dies wirkt sich auf unseren Körper, unser Empfinden, unsere Bedürfnisse aus.

Von Anfang an auf Balance achten

Doch wie kommen wir aus dem Problem heraus, dass wir nun
endlich unsere so lang aufgestauten Bedürfnisse erfüllen können? Könnten wir die Zeit zurückdrehen, wäre die richtige Antwort: Wir dürfen unsere eigenen Bedürfnisse gar nicht erst so
lange vernachlässigen. Familie bedeutet nicht nur, ein Kind zu
bekommen. Familie leben bedeutet, eine Gruppe zu bilden und
in Gemeinschaft zu leben. Ohne Kind können wir unabhängig
sein, mit Kind jedoch brauchen wir Unterstützung an vielen
Stellen: weitere helfende Hände für den Alltag und das Kind,
Austausch zu all den vielen Themen, die nun ganz neu ins Le-

ben kommen. All dies gesellt sich zu dem generellen Bedürfnis hinzu, mit anderen verbunden zu sein, Teil einer Gemeinschaft zu sein und darin zu leben.

Nicht nur Babys haben grundlegende Bedürfnisse, auch erwachsene Menschen haben dies. Wie genau die wichtigen Bedürfnisse eines jeden aussehen, kann unterschiedlich sein. Für den einen ist es vielleicht einfach der regelmäßige Austausch mit Freunden oder Freundinnen. Für einen anderen ist es vielleicht, einmal in der Woche Sport zu machen. Wichtige Rituale der Partnerschaft können auch ein grundlegendes Bedürfnis sein. Jeder hat vielleicht einen anderen Schwerpunkt, aber für einen jeden sind bestimmte Dinge im Leben wichtig – unabhängig von den Kindern. Sie machen uns aus, sind Teil unseres Lebens.

Wir werden durch unsere Kinder andere Menschen, aber wir behalten sehr viel von dem in uns, wie wir immer waren, und sollten diese Anteile auch weiter pflegen. Sie sind es, die uns neben allen Kuschelmomenten mit dem Kind eine Grundzufriedenheit im Leben mitgeben. Vernachlässigen wir diese Bedürfnisse, vernachlässigen wir uns und werden unzufrieden. Unzufriedenheit wirkt sich auf den Alltag negativ aus, lässt uns weniger einfühlsam und zugewandt sein. Unsere Unzufriedenheit verändert die (Gefühls-)Sprache, mit der wir mit unserem Kind kommunizieren. Sind wir mit uns und unserem Leben zufrieden, sind wir entspannter und können diese Entspannung in den Alltag tragen. Bindungsorientiert zu leben bedeutet, im Einklang mit sich und den anderen zu sein. Zwei Waagschalen – Eltern und Kind –, die in Balance gehalten werden wollen.

Hilfe annehmen

Uns selbst nicht zu vernachlässigen, schaffen wir nur dann, wenn wir Hilfe annehmen. In unserer Gesellschaft, in der Tag für Tag so viel von uns erwartet wird, fällt uns das allerdings schwer. Hilfe anzunehmen – oder gar aktiv danach zu fragen – ist nichts, was Eltern heute leichtfällt. Und an zu vielen Stellen wird Hilfe auch nicht gewährt oder der Bedarf von Außenstehenden falsch eingeschätzt, wie es so oft bei alleinerziehenden Eltern zu sehen ist. Doch Hilfe brauchen alle Eltern und besonders die, die viel Last allein zu tragen haben.

Am besten ist es, wenn wir schon in der Schwangerschaft Menschen finden, die uns begleiten und unterstützen. Es kann nicht oft genug gesagt werden: Eltern brauchen Netzwerke. In Gruppen kann man Einkäufe organisieren, gemeinsame Essen vereinbaren, und man kann Kleidung, Spielsachen und Dinge des täglichen Bedarfs tauschen, aus denen die eigenen Kinder gerade herausgewachsen sind. Man hört sich gegenseitig zu, kann zusammen lachen und weinen, Tipps geben und welche annehmen. Erwachsene brauchen auch Erwachsene.

Niemand ist perfekt

Spätestens dann, wenn wir spüren, dass wir mit unserem Leben nicht mehr glücklich sind, müssen wir uns Hilfe suchen – für uns selbst und für unsere Kinder, die nicht darunter leiden sollten, wenn wir unsere Bedürfnisse nicht erfüllen. Oft tun wir dies, weil wir die Bedürfnisse des Kindes in den Vordergrund stellen, weil wir so große Sorge haben um die kindliche Entwicklung und darum, was wir falsch machen könnten. Wir sind Optimierung aus dem Alltag gewohnt und versuchen, alles zu vereinbaren: Job, Haushalt, Familie, individuelle Förderung der Kinder. Wir wollen perfekt sein und richten unseren Blick zu sehr auf das Negative. Wir sehen, was wir alles nicht können oder was wir noch zusätzlich tun sollten, anstatt uns an dem zu erfreuen, was klappt.

Besser liebevoll statt perfekt

Menschen müssen nicht perfekt sein, Eltern müssen nicht perfekt sein. Im Gegenteil: Es reicht, gut genug zu sein. Kinder brauchen keine perfekten Eltern, sondern liebevolle, authentische Eltern. Sie wollen von uns die gesamte Breite des Lebens kennenlernen, nicht nur die rosarote Sonnenseite. Das bedeutet nicht, dass wir schlecht mit ihnen umgehen sollen, aber es bedeutet, dass wir nicht alles auf die Goldwaage zu legen brauchen und uns einfach auch selbst liebevoll betrachten dürfen – nicht nur unsere Kinder. Wir dürfen uns von Zeit zu Zeit einfach auch selbst auf die Schulter klopfen und uns sagen: »Es läuft nicht alles rund, aber es ist gut, wie es ist.«

Sich selbst verzeihen lernen

Und wir müssen uns selbst verzeihen können: »Heute war ein schlechter Tag, aber morgen wird es sicher wieder besser. Es ist nicht schlimm für mein Kind, wenn ich nicht jeden Tag gut gelaunt bin. Auch ich habe meine Grenzen und muss auf sie achten.« Wenn wir es schaffen, uns immer wieder selbst zu verzeihen, und nicht in einen Kreislauf der negativen Gedanken geraten, dann können wir uns im Alltag wohler fühlen und stehen weniger unter Druck. Wir sorgen uns um uns und zeigen unseren Kindern damit auch, dass Selbstfürsorge ein wichtiger Bestandteil des Lebens ist. Wir leben ein Vertrauen in uns selbst vor und vertrauen darauf, dass auch unsere Kinder dadurch einen guten Weg finden.

Zurück zur Achtsamkeit mit sich selbst

Was wir als Eltern also brauchen, besonders nach dem ersten Lebensjahr des Kindes, wenn die Anforderungen und die Auseinandersetzung mit der Umwelt größer werden, sind hilfreiche Menschen um uns herum und ein positiver Blick auf uns selbst. Beides ist nicht einfach, wenn wir andere Wege und Gedanken gewohnt sind.

Nicht alles gleich negativ bewerten

Gelassenheit im Alltag bekommen wir zurück, wenn wir weniger urteilen und mehr annehmen. Manchmal fällt es uns leichter, bei anderen damit zu beginnen und uns zu bemühen, Menschen auf der Straße nicht mehr in unsere üblichen Schubladen zu stecken. Der Vater, der sein Kind im Kinderwagen schiebt und dabei auf dem Handy tippt, hat vielleicht jetzt gerade auf diese Weise die einzige Möglichkeit, kurz einen wichtigen Termin zu vereinbaren. Das Kind darf im Café auf dem Handy der Mutter spielen, damit sie nach einem anstrengenden Tag in Ruhe einen Kaffee trinken kann. Oft kennen wir die Gründe nicht, warum Menschen sich gerade so verhalten, und verurteilen sie dennoch. Hier können wir anfangen, nicht zu bewerten, und uns auch mal positive Gegenbeispiele ausdenken, die das Verhalten erklären. Denn: Ja, viele Sachen sind einfach in Ordnung.

Und dieses Nicht-Bewerten sollten wir uns auch uns selbst gegenüber erlauben: Du bist keine schlechte Mutter oder kein schlechter Vater, weil du mal eine Pause brauchst. Auch nicht, weil du mal schimpfst oder einen schlechten Tag hast. Du hast einfach nur einen schlechten Tag, du brauchst einfach mal eine Pause, damit du danach wieder Kraft hast. Sei nachsichtig mit dir, sei liebevoll zu dir. Schon allein der Umstand, dass du reflektierst und darüber nachdenkst, wie du es beim nächsten Mal anders machen könntest, zeichnet dich aus.

Was Achtsamkeit bewirkt

Unsere Kinder sind von sich aus achtsam mit sich; wir Erwachsenen müssen oft erst dorthin zurückkommen. Doch es ist ein lohnenswerter Weg: Untersuchungen haben gezeigt, dass regelmäßige Achtsamkeitsübungen unser Denken und die Gehirnstrukturen verändern.[36] Wir lernen, besser auf unseren Körper zu hören, und erkennen frühzeitig seine Alarmsignale: »Hallo, ich brauche jetzt Ruhe!« »Hallo, gönn dir eine Pause!« »Hallo, nimm heute lieber den Bus, statt zu laufen!« Unser Körper teilt uns eigentlich jeden Tag viel mit, aber wir überhören ihn oder überlagern unsere Bedürfnisse mit Gedanken an das, was so wichtig ist. Wenn wir beginnen, die Signale wieder anzunehmen, dann sind wir im Alltag weniger gestresst, neigen dadurch auch weniger zu Überreaktionen und sind eher mit uns selbst zufrieden. Neuen, herausfordernden Aufgaben begegnen wir entspannter. Und genau das ist es, was wir für den Alltag mit unseren (großen) Kindern brauchen: Gelassenheit und Entspannung. Und das Vertrauen, dass es schon gut gehen wird.

Mehr Achtsamkeit und Entspannung finden

◇ Versuche, andere nicht zu bewerten und zu beurteilen.

◇ Das Nicht-Bewerten ist oft schwer. Nimm dir jeden Tag ein paar Minuten, um dein Kind ohne Bewertung und Eingreifen zu beobachten. Hierdurch siehst du, welche Fähigkeiten dein Kind schon hat, stärkst dein Vertrauen und übst, nicht zu urteilen. Manchmal ist es hilfreich, am Anfang die Dinge zu notieren, die man wahrnimmt.

◇ Sei im Alltag bewusst mit den Dingen, die du tust, sei bei einer Sache und versuche nicht immer, viele Dinge gleichzeitig zu tun. Multitasking gilt in unserer Gesellschaft als besondere Fähigkeit, doch es behindert uns oft darin, wirklich vollständig und ganz bei der Sache zu sein.

◇ Beobachte dich und deine Abläufe von Anfang bis Ende. Bist du wirklich bei der Sache? Oder lässt du dich leicht ablenken? Manchmal hilft als Alltagsmotto auch der Satz: »Eins nach dem anderen erledigen!«

◇ Gestalte bestimmte Situationen achtsam. Beginne mit der Pflege und dem Essen: Sei ganz dabei, wenn du deinen Körper pflegst, und nimm das Essen bewusst wahr. Auch die Pflege deines Kindes kannst du so gestalten und beim Essen äußere Störfaktoren abstellen (zum Beispiel kein Handy am Essenstisch, keine laute Musik im Hintergrund).

◇ Spüre deinen Körper: Wie fühlt er sich morgens, mittags, abends an? Wann und wo ist er vielleicht verspannt? Was sagt dir dein Körper damit?

◇ Atme: Nimm deine Atmung wahr, und atme in schwierigen Situationen bewusst, um dich zu entspannen. Wenn du dich ärgerst, atme erst einmal tief ein und lang aus.

◇ Reflektiere von Zeit zu Zeit: Was wünschst du dir wirklich? Was brauchst du, um dich gut zu fühlen, und was hält dich davon ab, es zu tun? Ist es »nur« ein schlechtes Gewissen?

◇ Denke über den vergangenen Tag nach, bewerte ihn nicht, gehe ihn einfach nur durch. Überlege dir, was das Schönste am Tag war und wie achtsam du mit dir warst. Das ist auch eine schöne Frage, die man den Kindern beim Abendessen stellen kann: »Was war das Schönste am Tag für dich?«

◇ Nimm dir bewusst Zeit für dich und das, was du liebst (außer deiner Familie), und vertraue darauf, dass sich die von dir ausgewählten Personen in der Zwischenzeit gut um deine Kinder kümmern.

♡ Und zwischendurch mal eine Pause.

♡ Auch in der Stadt gibt es wunderbare
Herausforderungen.

♡ Natur bestaunen. Immer wieder.

♡ Zwischen Romantik und Wissensdurst:
  »Und wo geht die Sonne da hin?«

Schlusswort

Die Reise durch das Leben mit unseren Kindern ist wunderbar. Wir haben die Chance, sie zu begleiten und uns gleichzeitig begleiten zu lassen, die Welt noch einmal neu zu sehen und die Zukunft besser zu gestalten. Das alles ist manchmal nicht einfach. Hindernisse stellen sich uns in den Weg, und oft genug liegt die Ursache dafür in uns selbst. Wenn wir jedoch möglichst viel bewusst wahrnehmen und ein grundlegendes Vertrauen in unsere Kinder und ihre Fähigkeiten aufbauen, können wir diese Reise durch die frühe Kindheit gut meistern. Denn alles, was wir dafür brauchen, bringen wir eigentlich schon mit.

Geborgenheit in der Kindheit bedeutet vor allem, dass wir unseren Kindern vertrauen: dass sie ihren Weg gut gehen, dass ihr Verhalten sinnvoll ist und sie von sich aus kooperativ, neugierig, wissbegierig, sozial und engagiert sind. Daran müssen wir uns immer wieder erinnern oder von anderen erinnert werden. Wir müssen nicht viel tun, aber wir können viel weglassen. Wir müssen nicht fördern, nicht an unseren Kindern ziehen, damit sie schneller und besser wachsen. Sie sind toll, wie sie sind, und unsere Aufgabe ist es, genau dies zu erhalten. Und wir Eltern sind auch toll, wie wir sind. Auch dann, wenn wir manchmal nicht das Gefühl haben oder uns Sorgen machen, dass wir vielleicht nicht das Beste geben würden.

Drei Kinder haben mein eigenes Leben unglaublich bereichert. Das größte ist schon ein Schulkind und stellt mich noch einmal vor neue Herausforderungen. Das mittlere ist mittendrin in der frühen Kindheit, und mit dem kleinsten werde ich bald noch einmal die Autonomiephase durchleben können.

Jedes meiner Kinder ist anders, mit jedem gehe ich einen etwas anderen Weg, und jedes hat seine Eigenheiten und besonderen Bedürfnisse. Doch alle zusammen haben sie mir gezeigt,
wie viel ich von ihnen lernen kann, und mich vor allem eines
gelehrt: Gelassenheit.

Geborgenheit ist das, was wir mit unseren Kindern im Alltag
gestalten. Sie ist mehr als nur Schutz und Hülle. Sie lässt Raum
für die eigene Entfaltung und für Bedürfnisse. Uns geborgen
fühlen können wir dann, wenn wir ganz angenommen werden
mit all unseren Bedürfnissen. Geborgenheit entsteht aber nicht
nur dort, wo wir auf die Bedürfnisse des Kindes achten, sondern sie ist ein Zustand der gesamtfamiliären Zufriedenheit.
Geborgen zu wachsen und zu leben beinhaltet gleichzeitig, einen entspannten Weg der Elternschaft zu gehen. Und diesen
Weg der Gelassenheit wünsche ich allen Eltern, denn er ist es,
den wir heute ganz besonders brauchen.

Danksagung

Mein größter Dank gilt meiner Familie, die mit mir zusammen unseren Weg geht. Meinen Kindern danke ich dafür, dass sie mir immer wieder einen neuen Blick auf das Leben ermöglichen und mich zum Nachdenken anregen über das, was wir Elternschaft nennen. Ich danke meinem Mann Caspar, der die Dinge aus einer anderen Perspektive sieht und mit dem ich mich austauschen und so wunderbar lachen kann.

Auch wir sind eine Familie, die sich ihr Dorf zusammensuchen musste und zunächst nicht auf eine Gemeinschaft zurückgreifen konnte, die einfach da ist und unterstützt. Über die Jahre hinweg haben wir unser eigenes kleines »Dorf« gefunden und die Menschen, mit denen wir zusammenleben. Deswegen möchte ich mich bei all den Menschen unterschiedlichen Alters und Familienstandes bedanken, die uns unterstützen und auch uns in ihr Leben mit aufgenommen haben. Ohne sie wäre all das nicht möglich. Ich bin glücklich darüber, Freunde wie Anja und Christian zu haben, die mit uns durch die verrückten Tage der Kindheit gehen und denen wir unsere Kinder immer anvertrauen können, sowie Patricia, die uns so viel geholfen hat bei organisatorischen Fragen der Kinderbetreuung. Ich danke Sandra mit ihrer Großfamilie für das Schulterklopfen, Britta mit ihren drei Mädels dafür, eine Freundin mit großen Kindern zu sein, die man immer um Hilfe fragen kann. Und ich danke Anna und Nadine mit ihren Kindern, mit denen wir echte Nachbarschaft leben. Ich bin glücklich über Andy und Volker, die seit Jahren zur Familie gehören, wie auch über einen Freund wie Stephan, der uns zur Seite steht und, ohne selbst Kinder zu haben, unsere Kinder wertschätzt und seinen Blick auf sie mit uns teilt. Von Milena (und ihrem guten Plan) werde ich immer wieder angehalten, achtsam auf mein Leben und mich zu blicken. In Petra und Grischa haben wir ältere Freunde gefunden, bei denen wir uns angenommen fühlen und die uns auf so unglaublich viele Arten schon geholfen haben und mit ihren Kindern und Enkeln unseren Freundeskreis und den der Kinder noch erweiterten. Ich bin glücklich über diese Gemeinschaft, die wir um uns versammelt haben und die uns hilft, Eltern zu sein und dabei auch unseren sonstigen Bedürfnissen nachzugehen.

Darüber hinaus danke ich natürlich auch meinem Dorf im Netz: all den Eltern, die mein Blog lesen, denen geborgenes Aufwachsen wichtig ist und die mit mir zusammen meinen Weg gehen. Und ich danke all den anderen Blogs, die sich für ein geborgenes Aufwachsen einsetzen wie vonguteneltern. de, gewuenschtestes-wunschkind.de, stillzwerg.blogspot.de, wunschkind-herzkind-nervkind.blogspot.de, oeko-hippie-rabenmuetter.de, buntraum.at, nestling.org, außerdem Blogfreundinnen wie runzelfuesschen.blogspot.de und fruehesvogerl. blogspot.de

Ohne meine liebe, geduldige und immer wieder aufmunternde Lektorin Sonia Gembus wäre dieses Buch nicht erschienen. Vielen Dank!

Netzempfehlungen

Wir Eltern brauchen andere, wir brauchen Unterstützung, Hilfe und Anregungen. Familie, das wird mit Blick auf die Menschheitsgeschichte klar, bestand immer aus vielen. Wir brauchen eigentlich das Zusammenleben in der Gruppe, damit es uns gut geht. In unserer modernen Gesellschaft mit ihrer Mobilität und Vereinzelung ist das Leben in einem unterstützenden Clan jedoch kaum noch möglich. Viele Familien sind aus verschiedenen Gründen, oft wegen der Erwerbstätigkeit, dazu gezwungen, an neue Orte zu ziehen, an denen sie keine Herkunftsfamilie zur Unterstützung haben und vielleicht anfangs niemanden kennen. Auch wenn das Internet kein Ersatz für Hilfen vor Ort ist, wenn es nicht praktische Unterstützung und eine real existierende helfende Hand anbieten kann, ist es für viele Familien heute doch ein Ort des Austauschs geworden. Ein Ort, an dem man neue Bekannte finden kann, die sich vielleicht auch in Freunde vor Ort verwandeln. Das Netz ist ein Platz, an dem man Anregungen für den eigenen Alltag sammeln kann, je nachdem, für welches Konzept der Elternschaft man sich entschieden hat. Der »Onlineclan« bringt Bastelideen, Vernetzung und Informationen nach Hause. Man ist in einer Gemeinschaft Gleichgesinnter.

Natürlich kann die Gemeinschaft im Netz nicht die unterstützenden Kontakte im Familienleben vor Ort gänzlich ersetzen. Und wir Eltern müssen dabei auch auf uns achten, damit wir nicht zu sehr in diese Welt abtauchen und neben dem Bedürfnis nach Austausch mit anderen den Austausch – insbesondere mit unseren Kindern – im Alltag vernachlässigen. Das Miteinander mit unseren Kindern und das Gespräch mit unserer

Familie mit Blickkontakt sollten immer an erster Stelle stehen. Doch daneben kann die Onlinewelt in vielen Lebenslagen eine hilfreiche Unterstützung sein. Gemeinsam mit meinem eigenen »Onlineclan« habe ich Orte im Netz zusammengetragen, an denen es um bindungsorientierte Elternschaft geht. Für dich zum Weiterlesen und für den Austausch:

◇ http://geborgen-wachsen.de/ – Das Blog zum Buch
◇ http://attachment-parenting.de/ – Blog einer dreifachen AP-Mutter
◇ http://berlinmittemom.com/ – Blog der liebevollen dreifachen Mutter Anna mit Kindern im Schulalter
◇ http://buntraum.at/ – Wiener Blog einer Mutter, die Spielraumkurse nach Emmi Pikler anbietet
◇ http://www.christopherfelix.de/ – Christopher Felix berichtet von seinem geborgenen Familienleben in Magdeburg
◇ http://www.elfenkindberlin.de/ – Mama von drei Kindern mit Schulkind, Kleinkind und viel DIY
◇ http://emilundida.com/ – Hamburger Blog einer Mutter und Fotografin mit nachdenklichen Texten und schönen Bildern über ihr Familienleben
◇ http://frische-brise.blogspot.de/ – Das Blog einer bald fünffachen Mutter mit Kindern aller Altersgruppen
◇ http://www.gewuenschtestes-wunschkind.de/ – Blog von zwei Berliner Müttern rund um bindungsorientierte Elternschaft mit langen Texten und vielen Literaturhinweisen
◇ http://www.gluckeundso.de/ – Dani ist gerne eine Glucke und schreibt ehrlich darüber
◇ http://jademond.de/ – Blog einer Mutter und Künstlerin, die auf dem Blog ihren achtsamen Lebensweg teilt
◇ http://jochenkoenig.net/ – Familien, Geschlechter, Väter, Sex und Berlin
◇ http://blog.kinder-verstehen.de/ – Blog von Herbert Renz-Polster

⋄ http://naturkinder.typepad.com/ – Blog einer Mutter und Naturkinder-Gruppenleiterin, die zauberhafte Bastelideen mit Kindern vorstellt und über ihre Alltagsaktivitäten berichtet

⋄ http://mamablog-mamamia.com/ – Blog der zweifachen Mutter Halima über ihren liebevollen Weg neben dem Beruf

⋄ https://mama-arbeitet.de/ – Drei Kinder und alleinerziehend

⋄ https://mutterseelesonnig.wordpress.com/ – zwei Kinder, alleinerziehend

⋄ http://www.nestling.org/ – Blog einer zweifachen Mutter rund um Nestwärme

⋄ https://www.nestingnomads.de/ – eine reisende Familie, die freies Lernen lebt

⋄ http://www.nora-imlau.de/ – Blog der Autorin Nora Imlau

⋄ http://www.oeko-hippie-rabenmuetter.de/ – Green parenting, Attachment Parenting, Hochsensibilität

⋄ https://urnaturen.wordpress.com/ – Zurück zu den Wurzeln

⋄ http://stillzwerg.blogspot.de/ – Mama von drei Kindern, inklusive Zwillingen, langzeitstillend

⋄ http://vierpluseins.leitmedium.de/ – Das Blog von Herrn Mierau

⋄ http://www.vonguteneltern.de/ – Blog der Hebamme und Autorin Anja und ihrem Mann Christian über das Leben mit ihren vier Kindern und alle Themen rund um Elternschaft

⋄ http://windelfrei.blog.de/ – Blog der Autorin Nicola Schmidt über artgerechtes Familienleben

⋄ http://wunschkind-herzkind-nervkind.blogspot.de/ – Blog einer Mutter über bindungsorientierte Elternschaft und die Gestaltung des Alltags

⋄ http://www.2kindchaos.com/ – Das Elternblogmagazin rund um High Need, AP und sehr ehrliche Elternschaft

Literatur

Verbindungen entwickeln sich

Biancuzzo, Marie: Stillberatung. Mutter und Kind professionell unterstützen. Elsevier, München 2005.

Brisch, Karl Heinz: SAFE. Sichere Ausbildung für Eltern. Klett-Cotta, Stuttgart 2010.

Gruen, Arno: Dem Leben entfremdet. Warum wir wieder lernen müssen zu empfinden. 2. Aufl. dtv, München 2015.

Kagan, Jerome: Die drei Grundirrtümer der Psychologie. Beltz, Weinheim und Basel 2000.

Schleiffer, Roland: »Konsequenzen unsicherer Bindungsqualität: Verhaltensauffälligkeiten und Schulleistungsprobleme«, in: Henri Julius; Barbara Gasteiger-Klicpera; Rüdiger Kißgen (Hrsg.): *Bindung im Kindesalter – Diagnostik und Interventionen.* Hogrefe, Göttingen 2009, S. 45–50.

Schmidt, Nicola: artgerecht. Das andere Baby-Buch. Kösel, München 2015.

Vertrauen lernen

Hüther, Gerald; Hauser, Uli: Jedes Kind ist hoch begabt. Die angeborenen Talente unserer Kinder und was wir aus ihnen machen. Knaus, München 2012.

Pikler, Emmi: Laßt mir Zeit. Die selbständige Bewegungsentwicklung des Kindes bis zum freien Gehen. Zusammengestellt und überarbeitet von Anna Tardos. 3. Aufl. Pflaum, München 2001.

Wygotski, Lew: Ausgewählte Schriften. Band 2: Arbeiten zur psychischen Entwicklung der Persönlichkeit. Pahl-Rugenstein, Köln 1987.

Entwicklung nach dem ersten Geburtstag

Birch, Leann L.; Fisher, Jennifer O. (1998): Development of Eating Behaviors Among Children and Adolescents. In: Pediatrics 101, S. 539 – 549 https://www.ncbi.nlm.nih.gov/pubmed/12224660

Bundesministerium für Familie, Senioren, Frauen und Sport: Familienwegweiser. http://www.familien-wegweiser.de/wegweiser/stichwortverzeichnis,did=120512.html

Dettwyler, Katherine A.: A time to wean: The hominid blueprint for the natural age of weaning in modern human populations. In: Patricia Stuart-Macadam; Katherine A. Dettwyler (Eds.): *Breastfeeding: Biocultural perspectives, Aldine de Gruyter.* New York 1995.

Gaca, Anja; Stern, Loretta: Das breifrei! Kochbuch Kösel, München 2016.

Graf, Danielle; Seide, Katja: Das gewünschteste Wunschkind aller Zeiten treibt mich in den Wahnsinn. Der entspannte Weg durch die Trotzphase. Beltz, Weinheim und Basel 2016.

Hoff-Ginsberg, Erika; Tardiff, Twila: Socioeconomic status and parenting. In: M. H. Bornstein (Ed.): Handbook of parenting. Volume II: Ecology and biology of parenting. Lawrence Erlbaum Associates, Mahwah, New Jersey 1995, S. 161–188.

Lange, Cornelia; Schenk, Liane; Bergmann, Renate: Verbreitung, Dauer und zeitlicher Trend des Stillens in Deutschland. Bundesgesundheitsblatt – Gesundheitsforschung – Gesundheitsschutz 5/6, 2007 S. 624–33.

Renz-Polster, Herbert (2011): Ernährung für Kinder: Vorsicht, bitter! Achtung, sauer! http://www.spiegel.de/gesundheit/ernaehrung/ ernaehrung-fuer-kinder-vorsicht-bitter-achtung-sauer-a-864814.html

Renz-Polster, Herbert; Imlau, Nora: Schlaf gut, Baby! Der sanfte Weg zu ruhigen Nächten. Gräfe und Unzer, München 2016.

Stahl, Stefanie: Das Kind in dir muss Heimat finden. Der Schlüssel zur Lösung (fast) aller Probleme. 12. Aufl. Kailash, München 2015.

Stöcklin-Meier, Susanne: Spiel: Sprache des Herzens. Wie wir Kindern reine reiche Kindheit schenken. Kösel, München 2010.

Papousek, Mechthild: Vom ersten Schrei zum ersten Wort. Hans Huber, Göttingen 1994.

Robert Koch-Institut (Hrsg.), Bundeszentrale für gesundheitliche Aufklärung (Hrsg.): Erkennen – Bewerten – Handeln: Zur Gesundheit von Kindern und Jugendlichen in Deutschland. RKI, Berlin 2008.

Steins, Gisela; Albrecht, Mareike; Stolzenburg, Hilke: Bindung und Essstörungen: Die Bedeutung interner Arbeitsmodelle von Bindung für ein Verständnis von Anorexie und Bulimie. In: Zeitschrift für Klinische Psychologie und Psychotherapie, 31, pp. 266–271. Hogrefe 2002.

WHO: Global Strategy for Infant and Young Child Feeding. Genf 2003.

Euer Alltag ist ihre Kindheit

Butterwegge, Christoph (2011): Kinderarmut in einem reichen Land. In: Deutsche Liga für das Kind e. V.: Frühe Kindheit. Die ersten sechs Jahre. Ausgabe 05/11. Kinder und Armut, S. 7–12.

Deutsche Liga für das Kind e. V.: Wegweiser für den Umgang nach Trennung und Scheidung. Wie Eltern den Umgang am Wohl des Kindes orientieren können. Deutsche Liga für das Kind e. V., Berlin 2005.

Lenze, Anne Funcke, Antje (2016): Alleinerziehende unter Druck. Rechtliche Rahmenbedingungen, finanzielle Lage und Reformbedarf. Gütersloh: Bertelsmann Stiftung. https://www.bertelsmann-stiftung. de/fileadmin/files/Projekte/Familie_und_Bildung/Studie_WB_Alleinerziehende_Aktualisierung_2016.pdf

Winnicott, Donald W.: Kind, Familie und Umwelt. Ernst Reinhardt, München 1999.

Kinderbetreuung und Kinderbegleitung

Bertelsmannstiftung (Hrsg.) (2004): Checkliste Kita-Platz. So finden Sie einen guten Kindergarten für Ihr Kind. https://www.bertelsmann-stiftung.de/fileadmin/files/BSt/Publikationen/GrauePublikationen/Checkliste_WB_Checkliste_Kitaplatz_2004.pdf

Deutsche Liga für das Kind: Gute Qualität in Krippe und Kindertagespflege. http://www.fruehe-tagesbetreuung.de/downloads/Krippen-Positionspapier-web.pdf

Fthenakis, Wassilios E.; Textor, Martin R. (Hrsg.): Pädagogische Ansätze im Kindergarten. Beltz, Weinheim und Basel 2000.

Schreyer, Inge; Hansen, Kirsten; Kalicki Bernhard; Nagel, Bernhard; Oberhuemer, Pamela: Trägerqualität. Die Steuerung von Bildungs-, Erziehungs- und Betreuungsqualität durch Evaluation. In: Wassilios Fthenakis (Hrsg.): Elementarpädagogik nach PISA. Wie aus Kindertagesstätten Bildungseinrichtungen werden können. 5. Aufl. Herder, Freiburg im Breisgau 2003.

Eigene Bedürfnisse achten

Hölzel et al. (2011): Meditationsforschung. Neuroanatomische Befunde http://www.arbor-verlag.de/files/MeditationForschung_%20Hoelzel Ott.pdf

Odent, Michel: Geburt und Stillen. Über die Natur elementarer Erfahrungen. 3. Aufl. C. H. Beck, München 2006.

Anmerkungen

1 Schmidt 2015, S. 18
2 Brisch 2010, S. 21
3 ebd. S. 53
4 Gruen 2015, S. 173
5 Renz-Polster 2014, S. 14 f.
6 Schleiffer 2009
7 Kagan 2000, S. 10
8 vgl. Brisch 2000, S. 51
9 vgl. Hüther/Hauser 2012
10 Renz-Polster/Imlau 2016, S. 27
11 Steins/Albrecht/Stolzenburg 2002
12 Stahl 2015
13 vgl. Gaca/Stern 2014
14 vgl. Birch/Fisher 1998
15 vgl. Renz-Polster 2011
16 Lange/Schenk/Bergmann 2007
17 Dettyler 1995
18 Biancuzzo 2005, S. 8
19 Barting-Prang 2015, S. 10
20 ebd. S. 12
21 Szagun 2006
22 Hoff-Ginsberg/Tardiff 1995
23 Papousek 1994
24 Stöcklin-Meier 2010, S. 9
25 Pikler 2001
26 Hodgkinson 2011
27 Graf/Seide 2016, S. 25
28 Deutsche Liga für das Kind e. V. 2005, S. 11
29 Lenze/Funcke 2016
30 Butterwegge 2011
31 Winnicott 1999
32 Schreyer et al. 2003
33 vgl. Fthenakis/Textor 2000
34 Bertelsmannstiftung 2004
35 Odent 2006, S. 122
36 Hölzel et al. 2011